LOS SIENTO, PERO NO LOS VEO

La oscuridad que te permea

Jesús Lázaro Romero Recasens

"Lo que sabemos es una gota de agua,
lo que ignoramos es el océano"

Isaac Newton

DEDICATORIA

A la memoria de Carmen Recasens, mi madre.

ÍNDICE

PREFACIO

Mi madre contaba que mi abuela nunca tomó bebidas alcohólicas, pero cuando mi bisabuela cumplió 99 años se hizo una gran fiesta en la familia y ella bebió una copa de vino tinto. Tal fue el efecto, que mareada en un sillón les decía a sus hijos: **«Los siento, pero no los veo»**. Este recuerdo, convertido jocosamente en chiste familiar, me inspiró a escribir en este libro sobre algunas cosas que no vemos.

Hay muchas cosas que se sienten o que pueden ser detectadas a través de instrumentos, pero no ves: el aire, el campo magnético, la presión atmosférica, los virus, los neutrinos, etc. Y hay otras, que tienen la capacidad de penetrarte paulatinamente de manera duradera y sin darte cuenta, que no son detectadas con ningún instrumento.

También existen ciertas doctrinas, ideas, conceptos o costumbres en la manera de concebir algo o de actuar sobre una persona o una sociedad que penetran lentamente en tu mente sin percatarte. Todo esto es: **«La oscuridad que te permea»**.

Como sabes, es a través de tus sentidos que puedes ver una parte del mundo que te rodea: sus colores, olores, sabores, sonidos, las texturas, los tamaños y las formas. Los sentidos te ayudan a percibir los estímulos internos y externos, a conocer el medioambiente y adaptarte a sus cambios. Pero estas limitado/a, porque no puedes percibirlo todo.

A los científicos les gusta utilizar la palabra «oscuridad» como adjetivo para calificar aquello que no se ve o que no se puede detectar directamente. También, en sentido simbólico, la oscuridad se relaciona con la falta de entendimiento o de conocimientos, en oposición a la luz.

Oscuro significa carente de iluminación y puede emplearse para referir o designar algo cuyo tono se acerca al negro. Así, el color negro es el más oscuro como resultado de la ausencia o absorción completa de la luz visible. En astronomía, un agujero negro es una región del espacio-tiempo donde la gravedad impide que cualquier cosa, incluida la luz, se escape.

El negro se usa simbólica o figurativamente para representar la oscuridad, mientras que el blanco representa la luz. El negro es el color comúnmente asociado con el luto, la muerte, el final, los misterios, la magia, el miedo, la fuerza, la violencia, el mal y también la elegancia y el poder. Psicológicamente el negro tiende a generar sensación de duda y misterio, pudiendo generar tanto miedo como curiosidad, crueldad, mentira, manipulación, traición y ocultamiento.

La oscuridad también es utilizada por los teístas como un valor simbólico, que va más allá de la oscuridad física, para expresar la oscuridad del pecado, de la ausencia de Dios, a la vez que sirve para expresar la oscuridad que precede a la acción de Dios tanto en el día del Señor como en la parusía.

De este modo, la oscuridad se aplica como expresión del castigo a los herejes: *a los que está destinada la oscuridad de las tinieblas eternamente cuando se alejan de Dios por su desobediencia*; pero a la inversa, Dios ilumina las tinieblas para aquellos que le temen. Por su parte, Dios puede dar a las tinieblas un cierto poder e incluso utilizarlas para poner a prueba al hombre justo u ocultarse él mismo en una oscuridad impenetrable.

Hoy sabemos que más del 95 % de nuestro universo es doblemente oscuro. Por una parte, debido a que no emite o interacciona con la luz, y por la otra, porque desconocemos completamente su naturaleza. Tanto en el cosmos como en la Tierra existen muchas cosas *oscuras.*

Esta obra se divide en dos partes. La primera parte trata sobre la «oscuridad material». Comienza analizando *la materia que ves.* Lo que ves de nuestro universo.

Tu estas hecho/a de esa materia y energía, la ves constantemente. De día con el sol y todo lo que está a tu alrededor; de noche, cuando miras hacia el cielo y ves la luna, los planetas, las estrellas, las galaxias, etc.

Es increíble saber que las galaxias están formadas por miles de millones de estrellas y que el universo está formado por miles de millones de galaxias, y toda esa inmensidad constituye menos del 5 % de lo que realmente existe. Lo demás está oscuro. Es *la materia que no ves.*

La oscuridad está en todas partes, permea, le da forma al universo y no sabemos casi nada de ella. Por esa razón se les han llamado *materia oscura* y *energía oscura.* Y es un misterio. Solo conocemos sobre su existencia por algunas pruebas.

¿Qué es la materia oscura y la energía oscura?, ¿Cómo se sabe que existen?, ¿Qué dicen los científicos sobre la naturaleza de la materia oscura y la energía oscura?. Son algunas de las interrogantes que se responden en esta parte del libro.

La segunda parte trata sobre la «oscuridad espiritual». Otro tipo de oscuridad que te permea, no ves cuando te invade y además, es depredadora. La oscuridad espiritual hace referencia a la parte oscura de nuestro espíritu.

Existen personas en todos los pueblos del mundo que nos manipulan sin piedad. La psicología ha caracterizado y clasificado a esos individuos. Son *espíritus oscuros* o personalidades oscuras que se ocultan, son crueles, dañinas, mienten, traicionan, engañan y manipulan a los demás para lograr sus objetivos.

Se describen a los espíritus oscuros y las *técnicas oscuras* que emplean, así como las *estrategias y tácticas* utilizadas por *líderes oscuros* que han oprimido a diferentes pueblos en todo el mundo.

También se revelan las estrategias que *el poder oscuro del Estado,* compañías, empresas y gobiernos emplean a través de los medios de comunicación para engañar y manipular sutilmente a la sociedad e impedir que sus opiniones y actuaciones se desarrollen libremente.

La intención de esta segunda parte es develar las características de esta *oscuridad* para que puedas defenderte.

En el epílogo se resume lo tratado, para finalmente preguntarte que…*Si la vida y la inteligencia surgieron con menos del 5 % de lo que existe en el universo, ¿qué puede suceder con el 95 % que no conocemos?.* Y se conjetura con una ficción.

Muchas gracias,
Jesús Lázaro Romero Recasens, 2023

PARTE I:
OSCURIDAD MATERIAL

LOS SIENTO, PERO NO LOS VEO

LA MATERIA QUE VES

El hidrógeno es el elemento químico más abundante y ligero del universo. Su número atómico es 1, por eso es el primer elemento químico de la tabla periódica, esto se debe a que tiene un protón y un solo neutrón en el núcleo, alrededor del cual gira un electrón.

El número de protones en el núcleo de un átomo (que es el número atómico) define a qué elemento químico pertenece; así, el átomo de oxígeno, que compone la molécula de O_2 que respiras constantemente, tiene número atómico 8, significa que en su núcleo hay 8 protones, 8 neutrones y alrededor de este giran 8 electrones.

Cuando dos átomos de hidrógeno se unen a uno de oxígeno se forma la molécula de agua, H_2O, esencial para la vida. El hidrógeno, el oxígeno, el agua, así como todas las cosas que ves a tu alrededor, están formadas por protones, neutrones y electrones.

Desde este libro, lo que comes, lo que utilizas, incluso tú mismo y las estrellas que ves por las noches están hechas por protones, neutrones y electrones. A esto se le llama «materia bariónica», o sea, materia que está formada por átomos ordinarios y que la ves porque interacciona con la luz.

Cuando la luz proveniente de la materia bariónica llega a la retina de tus ojos, las células especiales que la forman, conocidas como fotorreceptores, la convierten en señales eléctricas. Estas señales eléctricas viajan desde la retina a través de tu nervio óptico al cerebro, que se encarga de convertirlas en las imágenes que ves.

Sin embargo, no toda la materia que interacciona con la luz la puedes ver a simple vista, hay cosas muy pequeñas que no se pueden ver como, por ejemplo, las bacterias o las minúsculas partículas de polvo que flotan en el aire e incluso, el aire. En cambio, muchas cosas que no son visibles a simple vista se pueden ver con la ayuda de diversos instrumentos.

Si miras a través de un microscopio una gota de agua, aparentemente inactiva, descubrirás que está llena de organismos en movimiento. Hoy día, con la ayuda de microscopios aún más potentes, los investigadores obtienen imágenes topográficas de superficies a una escala atómica. Todo esto se debe a la interacción de la luz con la materia bariónica.

También existen cosas muy lejanas que son imposibles de ver a simple vista. Si por la noche levantas los ojos al cielo, veras miles de estrellas, pero no todas las que existen. Con la invención del telescopio, hace casi cuatrocientos años, el hombre empezó a ver muchas más y a viajar en el tiempo.

La máquina del tiempo

Uno de los padres del género de ciencia ficción fue el escritor inglés H. G. Wells. Su primera novela «La máquina del tiempo» fue publicada por primera vez en Londres en el año 1895. En esta novela, el autor relata cómo un científico de finales del siglo XIX logra construir una máquina que le permite viajar en el tiempo y conocer el futuro de la Tierra.

Pero mucho antes, a principios del siglo XVII, ya se había inventado un instrumento que nos permite viajar en el tiempo, y no es ciencia ficción. A diferencia de la novela de H. G. Wells, este instrumento del tiempo permite viajar en otra dirección, al pasado.

El inventor fue un fabricante de lentes neerlandés nombrado Johann Lippershey, pero fue un científico italiano conocido como Galileo Galilei quien lo mejoró y lo usó en 1610 para observar la Luna, el planeta Júpiter y las estrellas.

Desde entonces, los avances tecnológicos lo han perfeccionado y nos ayudan a conocer el universo y su pasado. Como ya te habrás dado cuenta, se trata del «telescopio». Con los telescopios modernos se puede viajar cada vez más lejos en el tiempo.

Quizás te preguntes cómo esto es posible. Te explico, debido a la velocidad finita de la luz (300 000 km/s), cuando observamos un objeto lejano, la imagen que vemos es el tiempo que tardó en llegar a nosotros, por ejemplo, el «Cúmulo de Coma» que es una estructura compuesta por más de 1000 galaxias agrupadas por la fuerza de la gravedad, está a 323 millones de años luz de nosotros; cuando hoy se mira hacia ese cúmulo, se observa cómo era hace 323 millones de años, que es el tiempo que tuvo que viajar su luz para llegar hasta nosotros.

El Cumulo de Coma que los astrónomos ven, no es la agrupación galáctica de hoy, sino la de su pasado; es la imagen de la luz que salió de ella cuando en nuestro planeta comenzaba el Período Carbonífero Superior, cuando surgieron los grandes árboles primitivos y los abundantes bosques que elevaron el nivel de oxígeno como nunca y propiciaron la transformación de los restos vegetales en carbón, cuando los reptiles se desarrollaron y se convirtieron en los primeros vertebrados terrestres, que con el tiempo evolucionaron a dinosaurios, reptiles modernos y aves; cuando se diversificaron los insectos con alas, algunos de gran tamaño, y en los océanos aparecieron los primeros tiburones.

El Cúmulo de Coma que hoy los científicos observan e investigan, es la luz que salió cuando en la tierra se formaba el supercontinente Pangea y faltaban más de 307 millones de años para que aparecieran nuestros primeros ancestros.

¡Asombroso! Por esta razón, estudiar las galaxias distantes te permite mirar hacia el pasado y conocer cómo era el universo y cómo evoluciona.

La galaxia más antigua

Recientemente fue descubierta la galaxia HD1 considerada, hasta ahora, la más distante de nosotros y, por lo tanto, la más antigua.[1]

El descubrimiento fue realizado a través de la observación del telescopio Subaru de Japón, el telescopio europeo VISTA, el telescopio infrarrojo del Reino Unido y el telescopio espacial Spitzer de la NASA (ver figura 1).

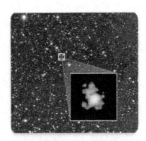

Figura 1. La galaxia más lejana.[2]

El color rojo de esta galaxia coincide con las características esperadas de una galaxia que se encuentre a 13 500 millones de años luz; como se considera que el universo tiene 13 800 millones de años, significa que HD1 nació 300 millones de años después del Big Bang.[3]

Durante esos miles de millones de años, desde que se emitió la luz de HD1 hasta llegar a nosotros, el universo se ha expandido y esto influye en el color rojo de la luz que se ve. Recuerda que la luz es una onda, y si el espacio por el que viaja se expande, entonces la onda se estira como un acordeón, fenómeno que se conoce como efecto Doppler. Te lo explico a continuación.

El acordeón de las ondas

La luz visible o blanca es solo una pequeña parte del espectro electromagnético; cuando la luz atraviesa algún obstáculo, que lo permita, ella se descompone en luces monocromáticas, o sea, en diferentes ondas que viajan a diferentes velocidades, y el resultado es el arcoíris o espectro de la luz visible que conoces, que va desde el violeta hasta el rojo.

La diferencia es que cada color indica diferente longitud de onda (λ). La longitud de onda es la distancia entre dos crestas consecutivas de una onda; las longitudes de onda más cortas corresponden al azul y al violeta y las más largas al rojo (ver figura 2).

Sucede que, cuando la fuente que emite las ondas está moviéndose respecto a ti, la longitud de onda que detectas es diferente a la emitida.

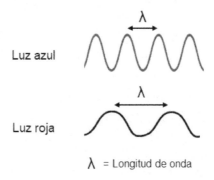

λ = Longitud de onda

FIGURA 2. Longitudes de onda.

Por ejemplo, si la fuente se aleja de ti, cada cresta tiene que recorrer un poco más de distancia que la anterior hasta alcanzarte, y eso hace que la longitud de onda que ves te parezca mayor de lo que realmente es, como la parte superior del acordeón al estirarlo (ver figura 3A). Si ocurre lo contrario, o sea, si la fuente se acerca a ti, la longitud de onda que verás será menor, como en la parte inferior del acordeón al contraerlo (ver figura 3B).

FIGURA 3. A- Al alejarse, la distancia entre las crestas crece. B- Al acercarse, la distancia entre las crestas disminuye.

El cambio aparente en la longitud de una onda producido por el movimiento relativo de la fuente respecto a su

8

observador se conoce como «efecto Doppler» en honor al físico y matemático austriaco Christian Andreas Doppler que lo descubrió en 1842.[4]

Este efecto fue el observado en 1929 por el famoso astrónomo estadounidense Edwin Hubble, cuando observaba las galaxias distantes cuyas luces parecían rojas, y llegó a la conclusión que el universo se está expandiendo. En el lenguaje técnico se dice que se ha producido un *corrimiento al rojo*.

Un ejemplo clásico de este efecto ocurre cuando una ambulancia o un carro de bomberos pasa por delante de ti a gran velocidad; el movimiento de la ambulancia hace que las ondas sonoras delante de ella se compriman y las de detrás se estiren, es por esa razón que percibes un cambio en el tono de la sirena, a medida que la ambulancia se acerca a ti, el tono es más alto. En cuanto la ambulancia empieza a alejarse, el tono se vuelve más bajo.

Con este ejemplo te puedes dar cuenta que también existe el efecto contrario al observado por Dopper, o sea, el corrimiento al azul. Eso es lo que ocurre cuando se observa la galaxia de Andrómeda desde la Tierra, su luz se desplaza hacia el azul, lo que significa que se aproxima a nuestra Vía Láctea, en efecto, se ha calculado que ambas galaxias se acercan a una velocidad de 300 km/s y que se producirá su colisión dentro de 3 800 millones de años, así que no debes de qué preocuparte por ahora.

Cuanto más tiempo haya estado la luz viajando, más se habrá expandido el universo desde que ocurrió el Big Bang, dando como resultado desplazamientos hacia el rojo cada vez más grandes. Por eso se pudo calcular la distancia a la cual estamos de HD1, y por lo tanto, el tiempo de su existencia.

Pero las estrellas y las galaxias no solo emiten luz visible, también pueden producir una amplia gama de radiación electromagnética que te permite conocer más sobre el universo, como verás más adelante.

Un fósil de radiación

El espectro electromagnético se extiende desde la radiación de menor longitud de onda, como los rayos gamma y los rayos X, pasando por la radiación ultravioleta, la luz visible y la radiación infrarroja, hasta las ondas electromagnéticas de mayor longitud de onda, como son las microondas y las ondas de radio (ver figura 4).

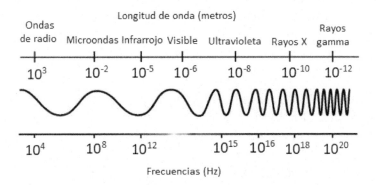

FIGURA 4. Espectro electromagnético.

En 1965 dos físicos estadounidenses, Robert Wilson y Arno Penzias, estaban buscando señales de radio en los bordes de la Vía Láctea, cuando descubrieron una misteriosa radiación de microondas, extrañamente uniforme, que venía de todas y cada una de las direcciones en las que movían la antena.

Después de descartar posibles ruidos y consultar con otros científicos, llegaron a la conclusión de que las microondas que estaban recibiendo eran los restos de la luz que se había liberado en el universo 380 000 años después de Big Bang; pasó tanto tiempo, que esa luz se había desplazado aún más. Esa radiación fósil se conoce como «radiación de fondo de microondas cósmica».

Se considera que la radiación de fondo de microondas, cuya longitud de onda es de $7,3.10^{-2}$ metros (ubícala en la figura 4) es la radiación electromagnética procedente del universo primitivo, generada durante la «recombinación», o sea, cuando el universo se hizo visible y la luz comenzó a extenderse.

En este período la temperatura bajó lo suficiente que permitió que los electrones se unieran a los núcleos y se formaran los primeros átomos neutros. Es una de las mayores pruebas del Big Bang, por lo que ambos científicos recibieron el premio Nobel de física en 1978.

El espectro visible

Todos los objetos que tus ojos pueden ver es porque reflejan y absorben la luz. El color que percibes depende de las longitudes de onda de la luz que reflejan, por ejemplo, los objetos que ves de color rojo es porque reflejan la luz correspondiente al rango de longitudes de ondas roja (entre $0,62.10^{-6}$ m y $0,78.10^{-6}$ m), mientras absorben todas los demás.

Cuando un cuerpo absorbe todas las longitudes de ondas de la luz visible lo ves negro, pues no refleja ninguna luz, al contrario, cuando un cuerpo refleja todas las longitudes de onda de la luz visible lo ves blanco.

También existe una parte del espectro electromagnético que tus ojos no pueden ver, esta parte está enmarcada por dos regiones, una, cuya longitud de onda es menor que la luz violeta (ultravioleta, rayos X, rayos gamma) y otra, cuya longitud de onda es mayor que la luz roja (infrarrojo, microondas, ondas de radio).

Estas regiones se conocen como «espectro invisible» (ver la figura 4). No obstante, se han creado instrumentos para detectar y hacer visible el espectro invisible.

A finales del siglo XIX los científicos comenzaron a investigar cómo «ver» las galaxias y estrellas, registrando la radiación que estos cuerpos emiten en longitudes de onda no visibles.

Utilizando tanto los telescopios terrestres como los espaciales, los astrónomos han podido combinar las observaciones a lo largo de todo el espectro electromagnético y obtener imágenes del universo desconocido y fascinante.

En la actualidad los telescopios operan en todas las partes del espectro invisible, observando fenómenos que van desde ondas de radio de baja frecuencia con longitudes de onda de 12 metros, hasta rayos gamma de alta frecuencia con longitudes de onda del rango de 10^{-9} metros o nanómetros.

Por ejemplo, las observaciones en la zona infrarroja muestran la inexplorada mezcla de polvo y gas que llena el espacio interestelar y que es el lugar donde nacen nuevas estrellas; el estudio de los fenómenos astrofísicos en la región de radio del espectro electromagnético (llamada radioastronomía) ha conducido al descubrimiento de púlsares, quásares y galaxias activas que no se observan en el espectro visible; en la región de los rayos X y gamma se pueden observar los fenómenos más violentos del universo, como los agujeros negros devorando materia o las explosiones de las supernovas.

La radiación de fondo de microondas descrita anteriormente, fue descubierta por primera vez utilizando radiotelescopios. También, a través de mediciones de radio sobre la rotación de galaxias se descubrió que hay más masa en las galaxias que la observada directamente a través de la luz visible y por lo tanto, la idea de que existe una *materia oscura*, como se describe más adelante.

Las aplicaciones que el espectro invisible tiene para el desarrollo de las ciencias y la tecnología moderna es amplia y variada; también forman parte de nuestra vida cotidiana en una versatilidad de equipos que van desde el celular, la televisión, la computación, hasta la cocción de alimentos.

****

En resumen, *la materia que ves es aquella materia que interactúa con la radiación electromagnética, y se puede detectar a simple vista o con instrumentos.*

Pero existe otro tipo de materia que no interacciona con la radiación electromagnética, sin embargo, está en todas partes, permea todo el universo. En el próximo capítulo conocerás más sobre esta misteriosa *materia que no ves*.

LOS SIENTO, PERO NO LOS VEO

LA MATERIA QUE NO VES

Hace muchos años se pensaba que todo el universo estaba compuesto solo por materia bariónica, o sea, por los átomos que conocemos en nuestro planeta Tierra y que están en la tabla periódica, sin embargo, hace unas décadas comenzaron a aparecer evidencias de que, en él, hay algo más que no vemos y que quizás se trate de otro tipo de materia que no conocemos, una «materia no bariónica» que no interacciona con la luz, lo que pone en duda nuestros conocimientos sobre todo lo que existe.

Con el objetivo de averiguar este misterio, la NASA, en el 2001, envió una sonda de misión exploratoria llamada WMAP (Wilkinson Microwave Anisotropy Probe), que permitió medir la densidad relativa de la materia bariónica y no bariónica, así como determinar algunas de las propiedades de la materia no bariónica y su interacción con la materia bariónica.

La cantidad de datos acumulados fueron extraordinarios y, en enero del 2013 se supo que *toda la materia y la luz que podemos ver en el universo constituye menos del 5 % de todo lo que existe y...¡el resto está oculto!*. Esta conclusión fue impactante. Lo que una vez pensamos, mirando a nuestro alrededor y al cielo que era todo, es, en realidad muy poco.

Según el análisis de los datos aportados por WMAP, en el universo sólo el 4.6 % es de «materia bariónica», el 24 % es de materia no bariónica, llamada «materia oscura fría», y el 71.4 % es de «energía oscura».[5] En otras palabras, *¡más del 95 % del universo no lo vemos, y nunca ha podido ser detectada directamente por nuestros sofisticados instrumentos y laboratorios!* Estos sorprendentes datos lo han cambiado todo, y es *el mayor misterio al que se enfrenta la ciencia hoy.*

El modelo actual del universo

Actualmente, el modelo del universo más aceptado es el «modelo Lambda-CDM o ΛCDM». El nombre de este modelo proviene de las características que muestran el universo compuesto por más de un 95 % de materia oscura y energía oscura.

Por un lado, la expresión más sencilla de la energía oscura es compatible con lo que se conoce como constante cosmológica, que se representa por la letra griega lambda (Λ) y, por otro lado, la materia oscura fría se denomina en inglés cold dark matter, de ahí las siglas CDM, de manera que, el modelo cosmológico estándar hace referencia a estas a dos nuevas sustancias: la materia oscura y la energía oscura, sobre las que sabemos muy poco y cuyas *misteriosas* propiedades no están aún suficientemente determinadas.[6]

Los científicos, desde hace años, se esfuerzan por develar el secreto de la materia oscura y la *energía oscura*. ¿cuándo y cómo se descubrieron?, ¿qué efectos tienen sobre el universo? y ¿cuál es su naturaleza? Para encontrar las respuestas a estas preguntas continua leyendo.

La materia oscura

En 1933, mientras se rodaba una de las mejores películas de ciencia ficción de la época, «El hombre invisible» basada en la novela homónima del inglés H. G. Wells (el mismo escritor de las novelas «La máquina del tiempo» y «La guerra de los mundos»), un astrónomo y físico suizo de origen búlgaro, cuyo nombre es Fritz Zwicky, estudiaba el «Cúmulo de Coma» en el Observatorio del Monte Wilson, en Estados Unidos, cuando observó un comportamiento extraño que lo impresionó.

El Cúmulo de Coma, como ya conoces, contiene más de 1000 galaxias y está a 323 millones de años luz de nosotros; este astrónomo, Zwicky, vio que la velocidad con que giraba este racimo de galaxias era mayor que su masa y, por lo tanto, deberían dispersarse y no mantenerse unidas formando dicho cúmulo.

Para que tengas una idea de lo que se trata, imagina que te montas en un tiovivo que gira a gran velocidad, y de momento te sueltas las manos, entonces saldrás disparado hacia afuera, pero si te agarras con fuerza, permanecerás girando. Zwicky llegó a la conclusión de que las galaxias se podían mantener unidas si en el cúmulo existiera una fuerza que las agarrara, o sea, una cantidad de materia que él no podía ver ni detectar, a la que llamó en alemán «Dunkle Materie», que significa *materia oscura*.

Antes de continuar con la historia quiero hacer una reflexión sobre este nombre, ya que ahora es el momento.

Aunque se le llama *materia oscura*, no es oscura en absoluto; una sustancia oscura absorbe gran parte de la luz que cae sobre ella debido a una interacción electromagnética entre los fotones de luz y los electrones de sus átomos, por ejemplo, un agujero negro es oscuro porque cualquier luz que se acerque a su horizonte de eventos nunca escapará, pero la materia oscura no se comporta así, es lo contrario: no absorbe luz, no interactúa con la luz electromagnética en absoluto, aunque tiene un efecto gravitacional sobre ella. En realidad, la materia oscura es «materia invisible».

Pero Zwicky tenía una imaginación extraordinaria, y como en la oscuridad no se ve nada, quizás eso lo motivó a nombrarla materia oscura, porque no se ve.

Zwicky creó muchas ideas en astrofísica y cosmología; fue el primero en proponer el término de «supernova» a la explosión de una estrella masiva que produce gran luminosidad y el primero en considerar el concepto de «estrella de neutrones», por la acumulación increíblemente densa de neutrones que se puede originar después de una supernova.

Cuatro años después del descubrimiento, Zwicky sugirió que una galaxia interpuesta entre un objeto más distante y nosotros podría enfocar la luz del objeto como una lente, de esta manera, un cuerpo demasiado tenue para verse desde la Tierra se haría visible gracias al campo gravitacional de la galaxia que podía actuar como un telescopio natural, entonces, ideó un método para encontrar *lentes gravitacionales*: buscar en el cielo imágenes múltiples de un mismo objeto (como verás más adelante). Sin embargo, muchas de sus ideas, como la existencia de la materia oscura, fueron ignoradas y permanecieron olvidadas durante casi cuarenta años.

No fue hasta finales de la década de 1970, que la astrónoma estadounidense Vera Rubin obtuvo la evidencia más clara sobre la existencia de la materia oscura. Esto ocurrió cuando analizaba los resultados de sus observaciones sobre la rotación de la Galaxia de Andrómeda, y le sorprendió un comportamiento inesperado y contradictorio a la mecánica newtoniana.

Las leyes del movimiento y gravitación universal de Newton regulan el movimiento de los planetas alrededor del Sol, y de los satélites alrededor de un planeta. Cada planeta gira a una velocidad que depende de su distancia al Sol, mientras más lejos están del Sol, más despacio giran; lo mismo ocurre con las 80 lunas de Júpiter.

Lo que Rubin observó fue que las estrellas de los bordes de la Galaxia de Andrómeda se movían tan rápido como las del centro, lo que violaba las leyes del movimiento de Newton. Este extraño comportamiento solo puede ser explicado si existe algún tipo de materia distribuida en la galaxia que la mantenga unida.

No es difícil de comprender, imagina que en un disco o CD dibujas tres puntos, uno cerca del centro, otro a mediados y otro en el extremo, al girar el disco, los tres puntos se moverán juntos. Esto es porque los puntos están unidos por la sustancia de la que está hecho el disco, o sea por el plástico. Sin embargo, en este ejemplo, el punto más distante del centro se mueve a mayor velocidad pues recorre mayor espacio en el mismo tiempo que los otros dos puntos.

Está claro que las tenues nubes de gas y polvo no son capaces de mantener unida toda la galaxia para que ocurra lo mismo, pero es inexplicable que partes de la galaxia, cerca del borde, giren casi a la misma velocidad que las partes cercanas al centro.

Rubin se dio cuenta que solo una sustancia que se extendiera por toda la galaxia sería capaz de que la fuerza de la gravedad y la velocidad orbital fueran similares en todas partes. Aunque la astrónoma no lo supo en ese momento, había encontrado la primera evidencia de existencia de la *materia oscura*.

Intrigados por ese comportamiento, Rubin y otros astrónomos comenzaron a recopilar datos sobre otras galaxias y encontraron un efecto similar en cada caso. Además, tal y como había descubierto Zwicky, observaron que las galaxias giraban lo suficientemente rápido como para haberse separado si solo contenían la materia visible que parecía formarlas.

Rubin estimó que, en realidad, había alrededor de seis veces más materia en las galaxias de lo que parecía ser, por la materia visible. No obstante, pasaron 34 años de las observaciones de Rubin para que las distorsiones de lentes gravitacionales propuestas por Zwicky confirmaran la existencia de la materia oscura.

Lentes gravitacionales

A principios del año 1919 Albert Einstein era relativamente desconocido; había propuesto la teoría de la relatividad general en 1915, y los científicos estaban intrigados por la forma completamente nueva de pensar sobre la gravedad. La idea de que la masa hace que el espacio se curve era atractiva, pero nadie había probado experimentalmente que la teoría fuera correcta.

Fue entonces que el 29 de mayo de 1919 ocurrió un eclipse solar que provocó una revolución en la ciencia.

Durante este eclipse se pudo comprobar la idea de Einstein de que «la gravedad se debe a que los cuerpos con masa deforman el espacio-tiempo» y así fue catapultado a la fama. La trayectoria de la luz proveniente de una estrella distante que se oculta detrás del Sol se curva al pasar cerca de él, produciéndose un desplazamiento aparente de su posición, lo que hace que pueda ser vista desde la Tierra (ver la figura 5).

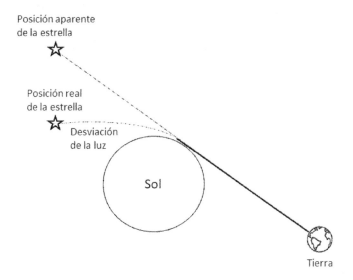

FIGURA 5. La trayectoria de la luz de la estrella cambia de dirección al pasar cerca del Sol porque su masa curva el espacio-tiempo a su alrededor.

Si el Sol, como una lente óptica poco potente, puede desviar un rayo de luz, ¿qué podrá hacer un cuerpo mucho más masivo?

La idea de Zwicky, de que una galaxia interpuesta entre un objeto tenue más distante y nosotros podría verse desde la Tierra, tuvo éxito 42 años después.

En 1979 los astrónomos británicos Dennis Walsh y Robert Carswell y el estadounidense Raymond Weymann hallaron dos cuásares muy juntos en el cielo. Los cuásares se encontraban en lados opuestos de una galaxia brillante, pero lo curioso era que tenían espectros idénticos, es decir, la luz que emitían era igual, una coincidencia de este tipo es sumamente improbable, por lo que la explicación debía ser que los dos cuásares eran en realidad la imagen duplicada de un mismo objeto.

Tal y como el Sol altera la distancia focal de una estrella que se oculta detrás de él, una cantidad particularmente alta de materia en una galaxia puede actuar como lente y producir varias imágenes de la fuente original que se encuentran en el exterior de la misma.

Desde entonces, se han descubierto decenas de imágenes múltiples debidas a lentes gravitacionales, y la propuesta de usar las galaxias como lentes, se retomó e incorporó como un método adicional para demostrar que había presente algo que no se podía ver.

FIGURA 6. La Cruz de Einstein.[7]

Un ejemplo característico se muestra en la figura 6, la conocida «Cruz de Einstein». El objeto brillante en el centro de la imagen es una galaxia lejana, los cuatro objetos brillantes que la rodean son, en realidad, múltiples imágenes de un solo cuásar que se encuentra mucho más allá de la galaxia.

Evidencias de materia oscura

El uso de mediciones sobre el impacto de las lentes gravitacionales proporcionó más apoyo para la existencia de materia oscura. En el 2004 se realizó un estudio sobre la distribución de masa en el «Cúmulo Bala» que constituyó una de las mejores evidencias de la existencia de la materia oscura.[8]

El Cúmulo Bala es otra agrupación galáctica que está mucho más distante de nosotros, a 3 721 millones de años luz, y consiste en dos cúmulos de galaxias en colisión, cuyas galaxias de fondo crean distorsiones de lentes gravitacionales.

Como las galaxias están hechas aproximadamente de 2 por ciento de estrellas, entre 5 y 15 por ciento de gas y plasma, y el resto de materia oscura, una colisión entre ellas podría indicarnos cómo se dispersa la materia que las componen.

Durante las colisiones de cúmulos, las estrellas de las galaxias raramente chocan, porque están a tanta distancia unas de otras que es muy poco probable que se encuentren. Sin embargo, las grandes nubes de gas y plasma sí interactúan a través de la gravedad y la fuerza electromagnética, quedando retenidas debido a la interacción, mientras que la materia oscura, al no interaccionar, sigue su camino y atraviesa a altas velocidades, entre 4 000 y 5 000 km/s, lo que provoca que la materia visible (bariónica) se separe de la materia oscura. Así la mayor parte de la materia se encuentra a ambos lados del cúmulo y no entorno al gas caliente retenido.

En efecto, el Cúmulo Bala es el ejemplo típico de esto. Una vez que la colisión está sucediendo (en un período de millones de años), se observa el resultado. En la figura 7 se representa el Cúmulo Bala formado a partir de un choque entre dos grupos de galaxias. El cúmulo de la derecha atravesó al cumulo de la izquierda y ahora ambos se alejan. Los puntos blancos son galaxias, los óvalos indican las zonas de materia oscura fría y el cuadrado la zona de gas caliente.

FIGURA 7. Cúmulo Bala (oficialmente conocido como 1E 0657-56) proporcionó la primera prueba directa de la materia oscura. Utilizando el proceso conocido como «lente gravitacional» se observan las manchas de la misteriosa sustancia invisible que constituye la mayor parte del universo.[9]

En el 2020, la NASA presentó una imagen sonificada de este evento donde el color rojo representa los rayos X emitidos por el gas caliente y el color azul representa la distribución de materia oscura. La sonificación que se escucha asigna tonos bajos a la materia oscura. Todo esto lo puedes ver y escuchar en «The Matter of the Bullet Cluster».[10]

La materia oscura, al no interaccionar con la luz, ni emitir luz, solo puede ser inferida a partir de los efectos gravitacionales que provoca sobre la materia visible, como estrellas, galaxias y cúmulos de galaxias, sus partículas invisibles atraviesan todo el cosmos y afecta la forma en que las estrellas se mueven dentro de las galaxias, el movimiento de rotación de las galaxias dentro de los cúmulos de galaxias, así como la estructura de todo el universo.

Recientemente, los astrónomos chinos descubrieron una misteriosa galaxia invisible de materia oscura a 94 millones de años luz de distancia. Utilizando el radiotelescopio chino FAST, el más grande del mundo de un solo plato, encontraron un objeto que denominaron FAST J0139+4328. Al analizar más detenidamente el objeto poco visible, solo en ondas de radio con una luz visible mínima, hallaron que es una galaxia compuesta por gas y alrededor del 98 % de materia oscura.[11]

Como es de suponer, las galaxias se forman a partir de gas que se enfría y se convierte en estrellas en el centro de un halo, pero FAST J0139+4328 tiene un disco giratorio de gas sin estrellas, donde la materia oscura domina sobre la bariónica. Este hallazgo sugiere la posibilidad que existan muchas mas galaxias oscuras que no vemos.

Pero...¿de qué está hecha la materia oscura?

Naturaleza de la materia oscura

Hay dos tendencias de pensamiento sobre la naturaleza de la materia oscura, una, cree que está compuesta de partículas familiares y por lo tanto forman parte del modelo estándar de la física de partículas, aunque no se comportan como partículas de materia ordinarias, y la otra, es que está compuesta de partículas desconocidas y eso requeriría extender el modelo estándar actual. Dentro de estas tendencias han existido varios candidatos a la materia oscura.

Inicialmente se pensó que se trataba de objetos celestes tenues y, por lo tanto, difíciles de detectar. Estos cuerpos, que llenarían los centros de las galaxias y los halos esféricos que las rodean, se denominan «MACHO» (por sus siglas en inglés, *massive astrophysical compact halo object,* o sea, objetos compactos masivos del halo), entre los cuales podrían ser planetas, enanas marrones, enanas blancas, estrellas de neutrones o agujeros negros.

Los resultados de las investigaciones realizadas descartaron la posibilidad de que los MACHO puedan constituir el principal componente de la materia oscura. Aunque algunos científicos han propuesto la posibilidad de «agujeros negros primordiales», un tipo hipotético de agujero negro propuesto por Stephen Hawking que se formaron al inicio de la expansión del universo, cuando había una densidad extrema, y no debido al colapso gravitatorio de una estrella. Pero no han sido demostrado.

Entonces, se pensó que si la materia oscura es diferente a la materia bariónica porque no absorbe ni emite luz, podría estar formada por un tipo de partícula neutra que, además, debe ser muy estable ya que, al parecer, existe desde la creación del universo. Y esas partículas podrían ser los «neutrinos».

Los neutrinos son neutros, estables, interaccionan con la gravedad, tienen masa y, además, son muy abundantes. Es muy curioso saber que cada segundo te atraviesan cientos de billones de neutrinos procedentes del Sol sin que te des cuenta.

Todo parecía encajar, y que ya se había develado el misterio; pero resulta que la masa del neutrino es diez mil veces menor que la del electrón, y esto hace que viaje a velocidades muy cercanas a la de la luz.

En cosmología se consideran dos tipos de materia oscura: la materia oscura caliente, que está constituida por partículas que viajan a velocidad relativista (cercana a la velocidad de la luz), y la materia oscura fría cuyas partículas viajan a velocidades mucho menor que la luz. El neutrino es el candidato más probable para la materia oscura caliente, pero, no se puede explicar cómo partículas con movimiento tan rápido pudieron agregarse para formar las galaxias despúes del Big Band. Para explicar la estructura del universo se hace necesario partículas más lentas; esto descarta la materia oscura caliente y por lo tanto, los neutrinos como los componentes de la materia oscura.

Como la materia oscura no puede estar compuesta de MACHO, ni de materia ordinaria, ni de neutrinos u otras partículas calientes, entonces se continuó buscando teóricamente y, así aparecieron las «WIMP» (por sus siglas en inglés, *weakly interacting massive particles*) que son partículas masivas que interaccionan débilmente.

Se trata de partículas hipotéticas muy pesadas y que aparecen de manera natural en diversas teorías que buscan extender el modelo estándar de la física de partículas.

Estas partículas presentan propiedades muy similares a las de los neutrinos, con la diferencia de que las WIMP deberían de tener mucha masa y, por lo tanto, ser más lentas, sin embargo, a pesar de estar muy bien fundamentadas, hasta ahora las WIMP han resultado muy escurridizas. Los científicos llevan décadas buscándolas con aceleradores de partículas, detectores subterráneos y telescopios espaciales, pero aún no han encontrado ninguna prueba concluyente de su existencia.

Entonces comenzaron a pensar en otras partículas, se consideró que la materia oscura podría estar compuesta por partículas ultraligeras, siempre que se muevan a velocidades no relativistas. Así, fue propuesta una nueva partícula, el «axión».

Teóricamente, los axiones deben ser partículas muy ligeras, bastante estables y que interaccionan muy débilmente con la materia ordinaria, por lo que poseen las propiedades básicas necesarias para postularse como candidatos a materia oscura. La existencia de axiones y otras partículas ultraligeras están predichas en la teoría de cuerdas, una de las extensiones más populares al modelo estándar.

Según los cálculos, en el universo primitivo debieron producirse infinidad de estas partículas, de modo que, a nuestro alrededor, podría haber decenas de miles de billones de axiones por litro, por lo que a pesar de tener una masa tan pequeña, podrían explicar la materia oscura. El problema es que su existencia tampoco ha sido demostrada.

Otro candidato fuerte propuesto para la materia oscura es la partícula llamada «hexaquark». Los quarks son partículas fundamentales de la materia. De hecho, los quarks usualmente se juntan en tríos para formar protones y neutrones, pero cuando los quarks se agrupan de una manera diferente, pueden formar partículas mucho más complejas y extrañas; eso es lo que el físico Mikhail Bashkanov y su colega Daniel Watts, de la Universidad de York, creen que ocurrió.

Su investigación sugiere que justo después del Big Bang, muchos hexaquarks se agruparon y formaron un condensado de Bose-Einstein (BEC, por sus siglas en inglés), considerado el quinto estado de la materia.[12] Según la hipótesis, estos grupos de hexaquarks comenzaron a expandirse de manera invisible, ejerciendo una notable fuerza gravitacional entre la materia del universo.

Para suerte de estos físicos ingleses, en el 2014 fueron detectados los hexaquarks en el Centro de Investigación de Jülich, en Alemania, pero las partículas existieron durante 10^{-23} segundos, mostrando su gran inestabilidad.

Los críticos dicen que estas partículas, si existieron, no pudieron sobrevivir a la intensa radiación del temprano universo, y una vez que se separan, no hay forma de crear más hexaquarks, ya que las condiciones que admiten su creación habrán pasado.

Lo que sucede es que la mayoría de las ideas de candidatos a materia oscura son derribadas casi de inmediato porque no son consistentes con las observaciones actuales del universo.

Algunos autores han ido más lejos y proponen la existencia de «átomos de materia oscura», formados por los homólogos oscuros de protones, neutrones y electrones.

Esta hipótesis tiene una repercusión extraordinaria, pues implicaría la combinación de átomos oscuros en moléculas oscuras cada vez más complejas y la posibilidad de llegar a formar vida oscura, y también, por qué no, inteligencia oscura; pero esto es improbable si se piensa en átomos similares a los de la materia ordinaria.

Los átomos son el resultado de las fuerzas electrostáticas entre el núcleo cargado positivamente y los electrones cargados negativamente; pero la materia oscura no interactúa electrostáticamente, por lo que no puede formar átomos de esta manera, en todo caso, debería existir alguna *fuerza oscura* desconocida que actúe solo sobre la materia oscura, además de la gravedad.

En realidad se sabe muy poco sobre la verdadera naturaleza de la materia oscura, solo que su principal cualidad es que no responde a la interacción electromagnética, o sea, los fotones no interactúan con la materia oscura y por lo tanto la materia oscura no produce, refleja, ni absorbe ningún tipo de luz, así que es invisible a nuestros detectores que usan luz, y la luz a su vez es invisible para ella, no obstante, la materia oscura sí interactúa con la gravedad, y es así como se sospecha de su existencia.

Al no encontrar una partícula que explique la existencia de la materia oscura, algunos científicos han pensado en la posibilidad de que no exista la misma. Así, se han desarrollado teorías como la MOND (por sus siglas en inglés, *modified newtonian dynamics,* o sea, la dinámica newtoniana modificada).

La explicación es que tanto la relatividad general como la ley de gravitación de Newton, funcionan muy bien en el sistema solar, pero en las galaxias o cúmulos de galaxias, donde las distancias y las masas son mayores, la gravedad podría funcionar de manera diferente.[13]

Si bien estas modificaciones explican las observaciones realizadas desde Zwicky y Rubin, hasta hoy, presentan algunos problemas al explicar la formación de estructura o las anisotropías (inhomogeneidades) del fondo de radiación de microondas, por tal motivo, la mayoría de científicos consideran más plausible el escenario de la materia oscura que el de la gravedad modificada.

Con la esperanza de encontrar respuesta, se ha intentado producir la materia oscura en los grandes aceleradores de partículas, como el gran colisionador de hadrones (LHC) de Suiza, pero, desafortunadamente, ningún proyecto ha tenido éxito, o nadie ha tenido un éxito reconocido por la comunidad científica.

Mas reciente, a finales del 2021, un grupo de científicos plantearon que algo, denominado «nubes de bosones escalares», podría explicar qué es la materia oscura.[14]

Los bosones son tipos básicos de partículas elementales, pero los bosones escalares son un tipo particular de bosones y hasta ahora se conoce un solo bosón escalar, el *bosón de Higgs*, conocido como «la partícula de Dios» porque da masa a todas las partículas elementales que hacen que el universo, las estrellas, los planetas y la vida sean como son y no de otra forma.

De ahí que, el bosón de Higgs no puede ser materia oscura dada sus propiedades, sin embargo, algunas teorías proponen la existencia de otros bosones escalares que no interactuarían fuertemente con la luz, solo con la gravedad. Como esos bosones no interactúan con la luz, esta no puede calentarlos y con el tiempo se enfriarían colapsando en grandes nubes, entonces, tal vez, la materia oscura esté hecha de grandes nubes difusas de otros bosones escalares.

Las investigaciones realizadas hasta ahora han llegado a la conclusión de que no hay nubes jóvenes de bosones escalares en la galaxia y tampoco nubes viejas y frías en una distancia de unos 3 000 años luz alrededor de la Tierra. Aunque no se ha descartado por completo los bosones escalares, estos resultados ponen límites muy concretos.

Actualmente, existen proyectos en todo el mundo que intentan detectar la materia oscura, como es el XENON1T, que se desarrolla bajo la montaña de Gran Sasso, en Italia, a 1 400 metros de profundidad; el reciente LUX-ZEPLIN (o LZ) ubicado en una antigua mina de oro a 1 500 metros de profundidad en Dakota del Sur, Estados Unidos y el detector PandaX-II ubicado en el laboratorio subterráneo de China Jinping, pero la materia oscura sigue invisible.

La materia oscura no es la única *materia que no vemos*, también, y en un mayor por ciento, hay energía oscura en todo el universo, ¿qué se conoce sobre la energía oscura?

La energía oscura

La gravedad es la fuerza con la que los cuerpos se atraen, es un fenómeno natural que ocurre entre los objetos con masa que son atraídos entre sí. La gravedad es observable fundamentalmente en el cosmos. Debido a la gravedad, la materia se une para formar estrellas, planetas y satélites.

Esta fuerza es la que hace que los planetas entren en órbita alrededor de las estrellas y los satélites o lunas alrededor de los planetas; también es la fuerza que une las estrellas para formar las galaxias y éstas para formar los cúmulos de galaxias. La gravedad le da forma al universo.

Pero...también existe una fuerza contraria a la gravedad que fue propuesta por primera vez por Albert Einstein, en 1917, como una «constante cosmológica» para tratar de construir un modelo estático del universo, o sea, un universo infinito donde el espacio ni se expande ni se contrae.

De este modo, introdujo en sus ecuaciones de la relatividad general, un *término de expansión*, llamado *constante cosmológica*, cuyo efecto era contrario a la gravedad para que mantuviese una distribución uniforme de materia, de lo contrario el universo colapsaría en una contracción.

Años más tarde, como consecuencias del descubrimiento realizado por el astrónomo estadounidense Edwin Hubble, Einstein abandonó la idea y dijo que había sido «su gran error».

En 1929, Hubble publicó un estudio que mostró el corrimiento al rojo en el espectro luminoso de las galaxias distantes debido al efecto Doppler; este hallazgo cambió la idea de un universo estático y demostró que el mismo se expande. Hubble descubrió que mientras más lejanas de la Vía Láctea estaban las galaxias, más rápidamente se alejaban, y no solo de nosotros, sino entre ellas.

En aquella época se suponía que la expansión debería ser contrarrestada por los efectos gravitatorios de toda la materia del universo y, por lo tanto, debería disminuir, en ese entonces, no se conocía la magnitud de la expansión del universo.

No fue hasta 1998, casi 70 años después, que se obtuvo un resultado impactante para la ciencia: *la velocidad a la que se expande el universo no está disminuyendo con el tiempo, sino que se está acelerando.* El descubrimiento de la aceleración cósmica le otorgó el Premio Nobel de Física a tres científicos estadounidenses en 2011.[15]

La interpretación de la comunidad científica para este comportamiento misterioso es que existe una sustancia desconocida, que agrega energía para impulsar la expansión del espacio y acelera la velocidad a la que las galaxias se separan entre sí. El nombre aceptado para esta sustancia fue acuñado por el cosmólogo teórico estadounidense Michael Turner como «energía oscura».

A principios del 2013 se supo que el 71.4 % del universo está formado por energía oscura, pero su naturaleza es desconocida. Por esa razón, en agosto de ese año, comenzó el desarrollo de un proyecto de exploración del cosmos para investigar su dinámica de expansión y el crecimiento de su estructura a gran escala. En el mismo participaron más de 400 científicos de 25 instituciones de siete países y se denominó «Observatorio de la Energía Oscura» (DES, del inglés *Dark Energy Survey*).[16]

Los resultados que DES ha mostrado hasta ahora son el análisis de los datos de los tres primeros años.[17] Uno de los mayores logros de este observatorio, es la creación del mayor mapa de distribución y forma de las galaxias en el universo, y traza, tanto la materia ordinaria (bariónica), como la materia oscura (no bariónica), hasta la distancia de 7 000 millones de años luz y 226 millones de galaxias.

Se ha descubierto que las galaxias no se distribuyen aleatoriamente por el espacio, sino que crean una estructura en forma de red debido a la gravedad de la materia oscura. La agrupación de galaxias que forma la red cósmica, a su vez, reveló regiones con una mayor densidad de materia oscura.

El análisis corroboró las predicciones del modelo actual del universo; no obstante, DES y otras investigaciones insisten en que la materia en el universo actual es un poco más homogénea de lo previsto.

Pero…¿de qué está hecha la energía oscura?

Naturaleza de la energía oscura

No se conoce la naturaleza exacta de la energía oscura, pero se sabe que es muy homogénea, poco densa y no interacciona con ninguna de las fuerzas fundamentales, solo con la gravedad al igual que la materia oscura, pero oponiéndose a ella.

En el 2008, diez años después del descubrimiento de la aceleración cósmica, se evidenció que la fuerza repulsiva de la energía oscura podría surgir de la energía cuántica del vacío, o pudiera indicar que la relatividad general falla en las escalas cosmológicas y debía ser reemplazada.[18]

La idea de una energía producida en el vacío, en el espacio donde supuestamente no existe nada, surge del principio de incertidumbre de Heisenberg, que es una propiedad fundamental de los sistemas cuánticos.

Se piensa que en el vacío aparecen constantemente, de manera espontánea, pares de partículas y antipartículas llamadas «virtuales», que desaparecen al instante porque se aniquilan, produciendo gran cantidad de energía. El nombre de *virtuales* se debe a que desaparecen tan rápido que no se pueden detectar.

La energía de vacío tiene dos características notables; la primera es que está uniformemente distribuida por todo el espacio, o sea, está extendida por todo el universo, en todas partes, en vez de agruparse como lo hace la materia oscura; la segunda es que tiene un efecto gravitatorio repulsivo, por lo tanto, la energía de vacío constituye una candidata a energía oscura.

El problema es que, al realizar el cálculo teórico del valor de la energía de vacío, resultó ser 10^{120} mayor que el observado. En la física, una discrepancia tan abismal entre el resultado de un cálculo y el valor medido ha ocurrido en pocas ocasiones.

Aun, hoy en día, nadie ha logrado encontrar una solución para este problema, y todos los modelos alternativos que tratan de explicar la aceleración del universo, a partir de algún tipo de energía oscura, suponen implícitamente que la energía del vacío se anula por algún motivo que aún no se entiende.

La mayoría de la evidencia parece indicar que una *constante cosmológica* es más probable que una energía de vacío, es por esa razón que aparece en el modelo actual del universo. La idea de Einstein sobre una constante cosmológica ha sido retomada varias veces. Como ves, hasta los supuestos «errores» de los genios tiene relevancia.

Así, para llegar a un valor de la constante cosmológica se asumió que la energía oscura siempre había estado en la misma escala y que era la misma en todas las partes del universo, pero la realidad es otra. El valor de la energía oscura varía de un lugar a otro en el espacio y el tiempo.[19]

El hecho es que no existe una teoría clara sobre qué es realmente la energía oscura, esta es solo un nombre y no dice más que si se llamara «la esencia de Kratos» (el Dios de la fuerza y el poder en la mitología griega)[20], tal y como ocurre con la materia oscura.

Observaciones realizadas en el eco de radiación procedente del Big Bang, han apoyado la teoría de que hay una *sustancia* que explica por qué se expande el cosmos.[21]

Actualmente, existen varios proyectos para examinar la polarización de la radiación de fondo en busca de esta sustancia o energía oscura; hasta ahora no hay resultados, no obstante, los experimentos y proyectos continúan creciendo.

Uno de estos proyectos es el telescopio espacial Roman de la NASA. Cuando se lance en mayo de 2027, los astrónomos podrán medir cómo miles de galaxias enteras se mueven por el espacio, lo que les ayudará a conocer la velocidad a la que se ha expandido el universo en diferentes momentos y por lo tanto, podrá ayudar a precisar la naturaleza de la energía oscura que acelera la expansión del universo.[22]

Otro proyecto es un nuevo observatorio conocido como SKAO (SKA Observatory), cuya construcción comenzó en julio de 2021; este observatorio es la segunda organización intergubernamental del mundo dedicada a la astronomía, y su sede central está en el Reino Unido, SKAO será el radiotelescopio más grande del mundo y podrá responder preguntas cruciales como las primeras décadas de la vida del universo y estudiar algunos de los objetos más misteriosos de la astrofísica, como los agujeros negros, el nacimiento y evolución de las galaxias y la naturaleza de la energía oscura. También se espera escuchar cualquier señal de inteligencias extraterrestres.[23]

****

La materia oscura y la energía oscura están en todas partes, permean todo y no puedes percibirla, no se sabe casi nada de ellas. Es la *materia que no ves*.

Pero no es lo único que no ves. Existe otra oscuridad que es malévola, te puede maltratar, incluso arruinar pueblos lentamente, sin darte cuenta y cuando te percates es posible que sea un poco tarde, porque ya te hizo daño.

Es la *oscuridad espiritual* que te permea, sin embargo, existe una manera de defenderte de esos *espíritus oscuros*. De eso trata la segunda parte.

LOS SIENTO, PERO NO LOS VEO

PARTE II:
OSCURIDAD ESPIRITUAL

LOS SIENTO, PERO NO LOS VEO

ESPÍRITUS OSCUROS

En Mateo 6:22-23 Jesús compara la condición moral de un alma malévola con la oscuridad: «El ojo es la lámpara del cuerpo. Si tus ojos están sanos, todo tu cuerpo estará lleno de luz»…«Pero si tus ojos están enfermos, todo tu cuerpo estará en tinieblas. Entonces, si la luz dentro de ti es oscuridad, ¡cuán grande es esa oscuridad!».[24]

Los seguidores de Jesús entienden que un ojo sano es aquel que deja entrar la luz espiritual, al igual que un corazón sano. Pero un ojo (o un corazón) pecador apaga la luz, dejando el alma en la oscuridad espiritual. Para los teístas la oscuridad espiritual es el estado de una persona que vive apartada de Dios.

En un amplio sentido de la palabra, lo espiritual es lo inmaterial que tiene que ver con lo ideal y, por lo tanto, se relaciona con la conciencia como forma suprema de la actividad psíquica de los seres humanos.

Cuando se habla de espíritu, se hace referencia a la parte no corpórea del ser, es un abstracto, es la parte humana que siente y piensa, y que se manifiesta en las emociones, los sentimientos, los miedos y las pasiones como rasgos que configuran la manera de ser de una persona.

Por otro lado, en términos generales, la oscuridad representa la ausencia de luz, lo que origina que las personas no puedan visualizar correctamente los objetos que están a su alrededor, inclusive a otras personas, por lo que, este término también está asociado con lo negativo, con lo maligno. La oscuridad espiritual tratada en esta segunda parte, hace referencia al *lado oscuro de nuestro espíritu.*

Los seres humanos somos muy complejos. En mi primer libro sobre «Neurocomplejidad educativa» expliqué la relación compleja que existe entre nuestro cuerpo, el cerebro, la mente y el medioambiente, cada uno influye en el otro conformando un todo que, a la vez, influye recíprocamente en cada uno, lo que le ocurre a uno repercute en todos y viceversa.[25]

Pero aquí no hablaré del cerebro si no de la mente que se identifica con el espíritu.

Tu *mente*, a través de tu cerebro y de tu cuerpo, está conectada constantemente con el medioambiente y, dentro de este, con la mente de los demás.

Los procesos que ocurren en tu mente, son las formas mediante las cuales se almacena y elabora la información que entra por los sentidos, y están siempre conectados a la mente de los demás, a quienes les atribuyes determinadas creencias, deseos, intenciones, sentimientos, conocimientos y maneras de percibir la realidad. Los procesos mentales son una propiedad emergente del cerebro.

Tu cerebro, no solo controla todas las funciones de tu cuerpo, como ocurre en cualquier animal, sino que evolucionó para convertirse en un sistema mental que, entre otras cosas, trata de conocer lo que ocurre en otros sistemas mentales, y esto estimula a idear estrategias para cooperar con los demás y también para engañar.

Quizás no te des cuenta, pero constantemente estás pensando en los demás y en cómo los demás piensan en ti. Una parte de tus procesos mentales se encuentran inmersos en lo que crees que piensan, saben o sienten los demás y cómo influir en ello.

Esto que te sucede es bueno, porque te permite comunicarte, y la comunicación es la cualidad fundamental que nos distingue del resto de los demás animales. Sin embargo, hay un rasgo particular, que todos hemos heredado, condicionado por la necesidad de sobrevivir. Este rasgo se llama «dominancia».

Existe una dominancia genética, dada por la relación entre alelos de un mismo gen, en el que uno enmascara la expresión fenotípica del otro, pero también existe una *dominancia social* dada por el deseo innato de mantener una jerarquía. La prueba está en la hegemonía que nosotros, los seres humanos, ejercemos sobre el ecosistema en el que vivimos, y esto incluye a otros seres humanos.

Cada persona tiene el potencial de *victimizar* a otros seres vivientes y a personas, pero debido a las normas sociales y la conciencia humana, tiende a contener estos oscuros impulsos y evitar su manifestación.

A pesar de ello, existe un pequeño porcentaje de individuos que no puede controlar sus *oscuros instintos* y dañan a otros de manera engañosa. Es muy triste, porque, sin percatarte, estos *espíritus oscuros* te pueden manipular con el propósito de sacar provecho.

Para entender la naturaleza psicológica de los diferentes tipos de personas que se aprovechan de los demás, se ha desarrollado una disciplina llamada «Psicología oscura» o *Dark Psycology* en inglés, que hace referencia a las técnicas utilizadas por algunas personas para manipular y controlar a los demás, con el fin de alcanzar sus propios objetivos. Algunos la definen como el arte y ciencia de la manipulación y el control mental.

Su desarrollo parte de una teoría psicológica de la personalidad, propuesta en el 2002, por los psicólogos Delroy L. Paulhus y Kevin M. Williams de la Universidad Columbia Británica, Canadá, quienes describen tres tipos de personalidades ofensivas: *maquiavelismo, narcisismo* subclínico y *psicopatía* subclínica, denominada por los autores como «la tríada oscura».[26]

El término subclínico significa que no se trata de un trastorno, ni de una patología, ni de una enfermedad, cada uno de estos tipos de personalidad se llama «oscura» porque se considera que contienen *cualidades malévolas*.

Años más tarde se propuso un cuarto rasgo oscuro: el *sadismo*. Las investigaciones han demostrado que el sadismo predice el comportamiento antisocial más allá de la tríada oscura.

Actualmente, existe un consenso de que la constelación de *personalidades oscuras* (espíritus oscuros) debe incluir la personalidad sádica y se presenta un modelo teórico denominado «la tétrada oscura o Short Dark Tetrad (SD4)», que propone los rasgos de personalidades caracterizadas por ser ofensivas desde el punto de vista social.[27]

Así, la psicología oscura se fundamenta en el estudio de los cuatro rasgos de *personalidades oscuras* (narcisistas, maquiavélicos, psicópatas y sádicos) y cómo las personas con estos rasgos tienden a actuar de manera dañina hacia los demás.

Para lograr el desarrollo pleno de tu vida es importante evitar que manipulen tu mente, por lo que es necesario que tengas un conocimiento sobre los rasgos oscuros que caracterizan a estas personas malévolas.

También es importante que comprendas que algunas características que distinguen al narcisista, al maquiavélico, al psicópata, y al sádico, pueden superponerse y confundirte a la hora de clasificarlos, pero esto no tiene importancia práctica, pues en el fondo, lo esencial está en identificar a los espíritus oscuros para saber cómo actuar, y alejarte de ellos, ya que siempre tratan de enmascararse y no se manifiestan suficientemente para no llamar la atención; asimismo es importante reconocer que todos podemos tener, en determinado grado, algunos de estos rasgos, pero hay pocos con niveles tan altos de oscuridad.

Si te ha interesado este aspecto oscuro, que también te permea, continúa leyendo, para que conozcas el porqué de los nombres de estas personalidades oscuras y algunas de sus características, que te ayudarán a identificarlos y a protegerte.

Narcisista

Narciso es uno de los grandes personajes de la mitología griega. Era un joven bello y hermoso del que se enamoraban todas las mujeres, pero siempre las rechazaba.

En una ocasión, al ver su propia imagen reflejada en un estanque, se enamoró de su rostro y no pudo dejar de mirarse. Con el intento por seducir su propia imagen quiso besarla, y acabó arrojándose a las aguas.

Las personas que suelen ser encantadoras y que tienen una perspectiva positiva, pero muestran altos niveles de grandiosidad, superioridad, dominio y derecho, entre otros atributos, son buenos para engañar a otras personas. A ellos se les llaman *narcisistas*.

Al narcisista no le interesa los sentimientos ajenos, sin embargo, es muy bueno haciendo y cultivando relaciones humanas para construir su propio ego; en sus relaciones se considera más importante y con más derechos que las otras personas; es poco tolerante a las críticas de los demás; se sobrevalora a sí mismo y actúa por interés propio en detrimento de los demás para alimentar su retorcida alta autoestima; es arrogante, prepotente y piensa que debe ser tratado mejor que los demás, y cuando recibe un trato favorable cree que es por el bien común.

Siente que es más inteligente y que tiene un gran talento natural, o dado por Dios si es teísta y, por lo tanto, merece ser destacado, ascender en un puesto antes que otros y ser líder. Esta actitud lo puede llevar a esforzarse para lograr éxitos y adquirir cualidades de liderazgo que puede convencer a los que le rodean que realmente es un líder. La ambición de poder y control es característico de todos los individuos narcisistas.[28]

El narcisista intenta controlar los pensamientos y las acciones de los demás de manera visible o solapada; se rodea de personas que validen su alta autoestima, para alimentar su ego. Si alguna persona intenta librarse de su control, puede reaccionar con enfado o violencia, y en el trabajo puede castigar a los que desafían su dominio por venganza.

Como el narcisista está completamente enamorado de sí mismo y piensa que sus problemas son los más importantes, tiende a no escuchar o a menospreciar a su pareja, en el hogar puede llegar a practicar el abuso doméstico.

- ¿Has conocido a alguna persona con estas características?

Si quieres indagar más sobre las características de esta personalidad oscura, te recomiendo analizar un test de narcisismo que está online.[29]

Maquiavélico

En 1513, el político, escritor y filósofo del Renacimiento italiano Nicolás Maquiavelo, escribió una doctrina política titulada «El príncipe».[30]

En su tratado, el autor explicó los aspectos psicológicos que conducen a que un líder sea exitoso, entre los cuales aconseja cómo se pueden controlar a las masas y manipular a las personas para ganar poder sobre ellas.

El uso del engaño, la astucia y la manipulación son esenciales, y argumenta que es moralmente justificable dañar a otros para alcanzar sus objetivos. Basado en esta obra, surgió el concepto de «maquiavelismo» para referirse a un tipo de personalidad malévola.

El maquiavélico es otra personalidad oscura que engaña y es experto en la manipulación. Se caracteriza por tener un espíritu sin principios, frío, calculador, muy cínico, hostil, falso, hipócrita, sin empatía, distante emocionalmente y severo. No le importa las restricciones morales de la sociedad y es egoísta; pierde el sentido de lo que es correcto o incorrecto y sus acciones se justifican para lograr sus intereses.

Como buen manipulador, usa a las personas que le rodean en la medida en que éstas le proporcionen éxito y satisfacción personal, por lo que llega a ver a los demás como medios para lograr sus fines, pero no se involucra emocionalmente con ellas y no duda en hacerles daño si eso le conviene. En este sentido cree, al igual que el narcisista, que sus intereses sirven al bien común, aunque las personas sean perjudicadas en el proceso.

Muchos maquiavélicos, como maestros manipuladores, llegan a involucrarse en delitos de cuello o guante blanco, o sea, malversación de fondos, sobornos, fraudes, esquemas piramidales, estafa de acciones, sobreprecios y delitos políticos.

En su afán de grandeza, el maquiavélico manipula a las personas para llegar a posiciones de poder y, cuando lo logran, ya sea en los negocios o en la política, continúan utilizando las mismas técnicas para seguir manipulando a las masas.

Si bien, tanto los narcisistas, como los psicópatas y sádicos, que verás más adelante, dañan a otros por placer y por satisfacer sus necesidades emocionales, los maquiavélicos lo hacen con un fin bien pensado y práctico.

En el trabajo, el maquiavélico trata de escalar y elige a personas competentes, los selectos más cercanos son aquellos que siempre le dirán la verdad en cualquier circunstancia; para él, no hay enemigo pequeño, por esa razón siempre se cuida de no ganar adversarios por cosas que no valen la pena.

Como el maquiavélico es una persona halagadora, simula ser honesto cuando en realidad no lo es y en consecuencia, acostumbra a decir lo que los demás desean escuchar aunque sea una mentira. Por esta razón le puede mentir a su pareja y expresar que sus motivos sexuales provienen del amor y el compromiso, cuando en realidad puede ser de su tendencia de usar a los demás de manera egoísta y engañosa.

- ¿Has conocido a alguna persona con estas características?

A mediados de la década de 1960, los psicólogos sociales estadounidenses Richard Christie y Florence L. Geis desarrollaron una escala de maquiavelismo para evaluar a las personas. A partir de sus investigaciones concluyeron que el maquiavelismo existe como un rasgo distintivo de la personalidad.[31] Actualmente esta herramienta, conocida como MACH-IV, se continúa usando. Las personas con una puntuación superior a 60 de 100 en el MACH-IV se consideran maquiavélicos altos, inferior a 60, se consideran maquiavélicos bajos. Existen versiones de MACH-IV on-line.[32]

Psicópata

En 1801, Philippe Pinel, médico francés dedicado al estudio y tratamiento de las enfermedades mentales, acuñó el término de «manía sin delirio» para referirse a lo que hoy se considera como *psicopatía*.

Al psicópata no le interesa las demás personas, incluso aunque estas sean seres queridos, carece de empatía, pero lo oculta, es la personalidad oscura más difícil de detectar porque aparenta ser normal.

El psicópata es buen observador de las reacciones emocionales de quienes los rodean y, por lo tanto, aprende a vivir en la sociedad. De esta manera, puede llegar a ser encantador como el narcisista y seducir a las personas para luego manipularlas a su voluntad.

Le gusta las emociones fuertes sin preocuparse por el daño que pueda ocasionar a otros, presenta altos niveles de grandiosidad, es una persona fría y calculadora, planifica cada acto para obtener un beneficio personal, es mentiroso y sus metas no son realistas.

El psicópata no sabe distinguir lo que está bien de lo que está mal, puede realizar los actos más crueles y fríos sin sentir remordimiento, y si no logra su objetivo, suele ser muy agresivo e impulsivo, por lo que puede llegar a ser una persona potencialmente peligrosa y tener tendencias criminales. Es el rasgo oscuro más malévolo. Se podría pensar que es la personalidad característica de todos los asesinos en serie.

En las investigaciones sobre la psicopatía realizadas por el psicólogo y escritor británico Kevin Dutton, se determinó que, entre las diez profesiones más psicopáticas del Reino Unido están: gerentes o ejecutivos empresariales, abogados, policías, clérigos, entre otros, y los menos: enfermeros, terapeutas, trabajadores sociales, maestros, etc.[33]

Este autor llegó a la conclusión de que una profesión llena de psicópatas se relaciona con aquellas personas a las que les gusta concentrar la atención y el poder en ellos, y que, al reaccionar ante un impedimento, deben hacerlo de forma rápida y muchas veces cruel, sin fijarse en si las consecuencias son malas para los demás.

El psicópata generalmente es un elemento nocivo para trabajar en equipo, como actúa por sus intereses, no se detiene ante obstáculos y perjudica fácilmente a sus colegas de trabajo.

En el amor, al inicio suele ser muy intenso generando en la pareja un estado casi de embriaguez al ser colmada de elogios, atenciones, muestras de interés y afecto; sin embargo, todo es una mentira, una pantalla para ocultar su intensión perversa. En realidad no le interesa su pareja, pero sabe que esa sensación de éxtasis inicial es muy difícil de borrar y su pareja buscará desesperadamente volver a sentir la euforia del principio. Es imparable a la hora de obtener lo que desea y es mejor que no te interpongas en sus deseos, porque si le estorbas y no puede eludirte, te quitará del medio de cualquier forma y sin el menor remordimiento.

* ¿Has conocido a alguna persona con características psicópatas?

En 1991, el psicólogo canadiense Robert Hare creó un test para identificar las personalidades psicópatas. En Psicología-Online se presenta una adaptación de la escala psicópata que sirve de orientación sobre la personalidad.[34]

Sádico

En el siglo XVIII vivió un controvertido escritor y filósofo francés, conocido como «el marqués de Sade», aunque su verdadero nombre fue Donatien Alphonse François de Sade, que escribió muchas obras de diferentes géneros, y sus temas más recurrentes fueron los actos de violaciones, parafilias, antihéroes, personajes con comportamientos sutiles para persuadir y manipular a otros, en los que prevalecía la idea del triunfo del vicio sobre la virtud.

Poco después de su muerte se reconoció su nombre con la forma sustantiva «sadismo» para describir la excitación que se produce en determinadas personas al cometer actos de crueldad sobre otras. El sadismo es el cuarto atributo de personalidades oscuras.

La persona sádica se caracteriza por no tener sensibilidad alguna por los demás y disfrutar de la crueldad. En su comportamiento aparente, suele ser una persona normal, funcional, poco impulsivo y no manipulador, pero le place perjudicar a los demás.

Aunque los narcisistas, maquiavélicos y psicópatas pueden manifestar sadismo como parte de sus otros rasgos oscuros (razón por la cual no fue identificado inicialmente), la diferencia está en que los sádicos disfrutan de hacer daño a otras personas y sienten emoción y placer al hacerlo, incluso algunos la encuentran sexualmente estimulante.

Es frecuente que en las relaciones sexuales sanas, exista un cierto juego de sadismo y masoquismo, y las parejas compatibles a menudo lo buscan uno en el otro, pero cuando se experimenta excitación sexual por el hecho de humillar, golpear, herir o maltratar, de algún modo, a la pareja, entonces es sadismo sexual.

La mayoría de los sádicos sexuales tienen fantasías persistentes en las que la excitación sexual se produce por el sufrimiento que se inflige a la pareja, ya sea consentida o no, recurriendo, también, a la violación de su víctima. Cuando se ejerce con parejas que no consienten la práctica, el sadismo sexual constituye una actividad criminal y es probable que continúe hasta que el agresor sea arrestado.

- ¿Has conocido a alguna persona con características sádicas?

Basado en los trabajos investigativos sobre la evaluación de la personalidad sádica, realizados por la Dr. Rachel A. Plouffe, de la Universidad del Oeste de Ontario, Canadá,[35] se ha propuesto un test de sadismo que puede ser completado en pocos minutos en la web.[36]

****

Los espíritus oscuros descritos, caracterizan a personas que aparentan ser normales y saludables, pero no lo son en absoluto; son personas muy peligrosas, sin empatía, sin escrúpulos, sin sentimientos positivos, crueles y malvadas, que utilizan el engaño para controlar a otras personas, grupos e incluso pueblos, en beneficio de sus intereses personales.

Un espíritu oscuro puede reunir varios atributos de estas cuatro personalidades, no obstante, hay dos características que siempre se destacan: la *frialdad* o indiferencia hacia los demás y la predisposición a *manipular* a las personas en provecho propio.

Para poderte defender de los espíritus oscuros, no es suficiente conocer sus características, sino también las técnicas que utilizan para manipularte. El próximo capítulo trata sobre las *técnicas oscuras de la manipulación*.

LOS SIENTO, PERO NO LOS VEO

TÉCNICAS OSCURAS

Hay personas que ejercen gran influencia en tu vida. Si te detienes a reflexionar te darás cuenta, con mucho agrado, que existen personas que influyeron en tu pensamiento y conducta para que llegaras a lo que eres y haces hoy. También influyes en los demás. Estos procesos de influencias son para ser mejores y pueden durar toda la vida.

Por ejemplo, los padres influyen en sus hijos para lograr actitudes positivas que benefician su educación y salud. También influye un maestro o profesor, un entrenador, un clérigo, un profesional de la salud, etc., para lograr mejores comportamientos en determinadas situaciones. La sociedad puede influir en el desarrollo de la inteligencia, la afectividad, la asertividad, el comportamiento, la moral y la personalidad de sus miembros, pero también existen las llamadas «malas influencias». Es posible que recuerdes a personas que trataron de llevarte por mal camino, esas que influyen negativamente en tu vida son manipuladoras, porque te perjudican en función de sus intereses.

Como ves, existe una diferencia entre el acto de ejercer influencia o influenciar y el acto de manipular. En la influencia las dos partes se ven beneficiadas y no hay persona perdedora; mientras que en la manipulación sólo hay un ganador o ganadora, la persona que manipula.

Los manipuladores son personas malsanas cuya tendencia es abusar de los demás para lograr sus objetivos, haciendo caso omiso de los derechos individuales o sociales.

Estas personas sienten la necesidad de dominar la vida de otra (u otras) invadiendo su privacidad y convirtiéndolas en víctimas, a esto se llama *manipulación psicológica o emocional*, cuya finalidad es cambiar el comportamiento de los demás.

Los espíritus oscuros analizados en el capítulo anterior, son personalidades oscuras que no dudan en manipular, violan cualquier principio ético o moral para conseguir su objetivo.

El manipulador oculta sus verdaderas intenciones, y después de estudiar a su víctima, decide las técnicas o estrategias directas o sutiles, secretas y engañosas más apropiadas para controlar y cambiar su comportamiento en su beneficio.

Existen gobiernos y regímenes totalitarios, grupos, sectas e individuos que utilizan técnicas de manipulación para controlar el pensamiento, el comportamiento, las emociones y las decisiones de otros, distorsionando la verdad o la justicia, para beneficio de sus intereses particulares.

La manipulación es muy frecuente en nuestras vidas. Se presenta no solo en la política, en el mercado y en la información y publicidad, sino también en el trabajo, en la vida familiar, en la vida conyugal o de pareja.

Como en los conceptos taoístas sobre las dos fuerzas fundamentales opuestas, pero complementarias, que se manifiestan en todas las cosas del universo (el yin y el yang), para que exista un manipulador es necesario un manipulado.

En este caso, el manipulador intentará someter al manipulado para obtener ganancias espirituales y/o materiales manteniéndolo bajo control, mientras que el manipulado, que es por lo general una persona pacífica, tímida, sumisa, honesta o ingenua, es la víctima que muchas veces busca refugio en el manipulador; pero no todo el mundo es fácilmente manipulado, y cuando el manipulado se percata de las intenciones maléficas del manipulador, puede llegar a rebelarse, en cuyo caso el manipulador tratará de insistir y, de no resultar, cambiará su enfoque hacia otra víctima.

El manipulador siempre se aprovecha de otras personas por razones específicas, sin embargo, el manipulado, se deja aprovechar sin razón alguna.

- ¿Te has sentido alguna vez manipulado/a?
- ¿Has sentido alguna vez que manipulas a otra persona?
- ¿Cómo se puede identificar un manipulador?

Debido a la profunda necesidad psicológica que tienen los manipuladores de controlar a los demás, hace que busquen vías para debilitar a sus víctimas y ganar dominio sobre ellas.

Se han descrito varias técnicas psicológicas que utilizan los manipuladores para controlar a sus víctimas. El conocimiento de estas técnicas te ayudará a darte cuenta de cómo, sin percatarte, has sido o puedes estar siendo manipulado/a, y te iluminará ante la oscuridad espiritual.

Técnicas de manipulación

Durante siglos, algunos seres humanos han encontrado diversas maneras de ejercer el poder sobre otros seres humanos para dominarlos y alcanzar sus objetivos.

Desde reinados, Estados, imperios, religiones y otras formas de organización, han surgido individuos capaces de manipular a otras personas, pueblos y sociedades.

Generalmente no resulta fácil detectar a una persona manipuladora porque sus características y rasgos de personalidad oscura no son evidentes; en realidad, ningún manipulador lleva un cartel avisando que es un psicópata o un narcisista.

Entonces…si resulta difícil identificar a un manipulador, ¿cómo puedes defenderte de alguien que se encubre para hacerte daño?

La mejor forma de defenderte de la manipulación psicológica es conociendo cuáles son las principales técnicas de este tipo de abuso. A continuación se describen las más comunes.

El aislamiento

El aislamiento es una de las técnicas ampliamente utilizada por todos los manipuladores, ya que lograrán controlar la vida de sus víctimas al aislarlo de su entorno social, e incluso del mundo, según sea el caso. El manipulador le cierra las vías de escape al manipulado para hacerlo más dependiente e incrementar su impotencia.

Lo primero que hace un manipulador para aislar a una persona, a un grupo o a un pueblo, es crear una fisura, un conflicto, para sembrar la desconfianza con su entorno; lo encierra en un mundo creado según su conveniencia, y lo aísla de todo lo que pueda perturbar su objetivo. En estas condiciones, el manipulador podrá utilizar eficientemente otras técnicas para mantener a la víctima dominada, como verás más adelante.

Existe una estrategia política de aislamiento para mantener bajo control un territorio o un pueblo que se conoce como «divide y vencerás». Su origen se atribuye al dictador y emperador romano Julio Cesar, del siglo I a. e. c. Esta estrategia aún tiene vigencia.

Predisponer unos contra otros y enfrentar los diferentes grupos opositores, para alcanzar o mantener el poder, y desviar la atención de los problemas sociales y económicos, ha favorecido a los espíritus oscuros. Esta técnica de aislamiento es particularmente usada por personalidades maquiavélicas.

Algunos líderes políticos, de culto, etc., tratan de mantener aislados a sus seguidores para tener control completo de la información que reciben y poderlos manipular. Un ejemplo ocurrió en la Alemania nazi, dirigida por Adolf Hitler.

Para que el pueblo alemán apoyara y creyera en las ideas del nazismo, trataron de controlar las formas de comunicación por medio de la censura y la propaganda que incluía el control de los periódicos, revistas, libros, el arte, el teatro, la música, el cine y la radio.

Los nazis utilizaron tanto la propaganda como la censura para controlar lo que los estudiantes leían en las escuelas, retiraron libros de texto de los salones de clase y los nuevos autorizados, enseñaban a los estudiantes a obedecer al Partido Nazi, a amar a Hitler y a odiar a los judíos.[37]

El líder manipulador de un gobierno, una secta o de cualquier institución o grupo puede insistir en separar a las víctimas, incluso de sus lazos con la familia y antiguos amigos, para que dependan solo de las personas que pertenecen a esa organización y sigan sus ideas.

En la actualidad, la globalización de la información con la internet y las redes sociales, ha provocado cierto debilitamiento de esta técnica, pero también ha creado nuevas formas de su utilización.

El aislamiento es una técnica de manipulación que ha sido utilizada de una u otra manera en todos los países del mundo. Si piensas un poco, podrás encontrar otros ejemplos concretos. ¿Puedes darte cuenta de algún ejemplo en tu país?

Esta técnica también es usada en el ámbito laboral, familiar, de pareja, etc. En el trabajo, un jefe manipulador puede crear enemistad entre los colegas y la víctima para que se molesten y lo rechacen, puede negarle acceso a cualquier oportunidad para mejorar y mantenerlo fuera de una información importante.

Si en algún momento tu pareja no quiere que te sigas relacionando con tus amistades, colegas del trabajo, y no quiere que recibas en tu casa a familiares, exponiendo cualquier pretexto, es posible que esté tratando de aislarte para que nadie te dé un criterio sobre su personalidad. Tu pareja puede ser un/a manipulador/a y debes separarte de esa relación dañina.

El gaslighting

El origen de la expresión «gaslighting» se atribuye a una obra de teatro de suspenso, escrita por el dramaturgo inglés Patrick Hamilton en 1938 titulada «Gaslight».

La obra es una historia basada en la manipulación y el engaño de un esposo, cuyo objetivo es volver loca a su pareja para robarle.

Gaslighting es un anglicismo, y se traduce como «iluminación de gas». Según el *Oxford Dictionary* es «el proceso de hacerle creer a alguien cosas falsas para controlarlo, especialmente que se ha imaginado o se ha equivocado acerca de lo que realmente sucedió».[38]

Esta técnica consiste en manipular psicológicamente a una persona (o grupo) para que dude de sus propios recuerdos y percepciones y, en su lugar, comience a creer lo que el manipulador quiere que crea.

El objetivo del manipulador es elevar su autoestima, y su estrategia es crear una confusión, una incomodidad en la víctima que la haga sentir que algo no está bien, aunque no comprenda qué es, de esta manera, la víctima comienza a dudar de sí mismo y experimentar un estado psicológico conocido como «ambivalencia» en el que se forman pensamientos y/o emociones positivas y negativas hacia alguien o algo, hasta tal punto que deja de confiar en sí mismo, en su propia memoria, percepción o juicio.

Así, la duda que va sembrando el manipulador, provoca que el manipulado piense que las cosas que recuerda no son reales, provocando angustia. En consecuencia, cualquier expresión de la víctima siempre estará desestimada por carecer de evidencias concretas.

Un experto manipulador que utiliza esta técnica actúa sin que las víctimas se percaten; generalmente comienzan con pequeñas mentiras que son consentidas, las que irán creciendo poco a poco y sembrándolas en las mentes de los manipulados que las aceptarán, aunque puedan dudar de ellas. Cada hecho que ocurre es manipulado para que la víctima deje su realidad y acepte la versión del manipulador y confíe en su juicio y razón, hasta que un día, el manipulado se dé cuenta y quizás ya sea demasiado tarde.

La técnica de aislamiento descrita anteriormente, facilita la aplicación del gaslighting, ya que en estas condiciones funciona más eficientemente.

Todos los espíritus oscuros utilizan esta técnica, aunque se destacan los psicópatas y narcisistas ya que les permite subir su autoestima, mientras que, en la víctima queda instalada una frustración permanente que la hace vulnerable y controlable fácilmente.

Es posible que sea la primera vez que conoces sobre esta técnica, pero su uso es más común de lo que puedes imaginar, hay muchos ejemplos que se dan en la vida cotidiana, tanto en las relaciones de pareja, como en el trabajo, en la política, etc.

Un líder político, social o religioso puede hacer gaslighting ante sus seguidores porque estos quieren creer todo lo que su líder les dice. Así se inventan o tergiversan historias y se idean acusaciones falsas o se ocultan y niegan verdades.

Un ejemplo público de gaslighting político ocurrió durante las elecciones de 2020 en las que Donald Trump logró ganar la carrera presidencial y después se mantuvo a lo largo de su administración.[39] En internet aparecen muchos ejemplos, incluso antes de su campaña presidencial, como fue su insistencia en negar haberse burlado de un periodista con una discapacidad física, a pesar de que el hecho quedó grabado y publicado por CNN.[40]

Como puedes imaginar, el ejemplo anterior no es el único, y muchos hechos similares se repiten en todos los países del mundo. ¿Puedes darte cuenta de algún ejemplo de tu país?

Algunas de las expresiones que utilizan los gaslighter para distorsionar el sentido de la realidad y hacer creer algo que no ha ocurrido son: «¡Eso no ha sucedido nunca!», «Eso te lo has imaginado», «¿Estás loco/a?», «Lo que ocurrió fue…»

En el trabajo, un jefe puede llegar a convencer a su subordinado que fue él quien se ha equivocado ante una mala decisión, y este aceptarlo por sumiso o por miedo de perder su empleo, hasta creer que es cierto.

En una relación de pareja, las acciones manipuladoras de una de ellas pueden parecer inofensivas al inicio, pero con el tiempo, la víctima comienza a sentirse confusa, deprimida, ansiosa, aislada y no se percata de lo que está sucediendo, y es que es objeto de gaslighting. También, un cónyuge sádico puede negar haber abusado de su pareja o afirmar que no ocurrió como se relata, haciendo creer que es un recuerdo exagerado.

Si alguna vez te sientes confundido/a acerca de tus propias creencias, convicciones, pensamientos o sentimientos cuando estas con otra persona, es posible que estes siendo objeto de gaslighting.

Observa si comienzas a disculparte constantemente por «estar equivocado/a» o que frecuentemente inventas excusas para ti mismo/a, y para los demás, por el comportamiento de otra persona o de tu pareja.

Si tienes dificultades para tomar decisiones, si sientes que no eres feliz y que no puedes hacer nada, si crees que no eres lo suficientemente bueno/a para los demás, si rehúyes comunicarte con amistades y familiares para evitar explicar cosas, entonces estas en peligro. Estas señales te indican de que puedes estar siendo manipulado/a por un gaslighter y en este caso, la solución ya la conoces: ¡aléjate de esa persona!

La proyección

El neurólogo austríaco y padre del psicoanálisis Sigmund Freud, observó un mecanismo en la paranoia donde el regaño es reprimido a través de un camino de defensa en el que los impulsos, sentimientos y deseos propios se atribuyen a otra persona. A este mecanismo psicológico le llamó «proyección».[41]

La proyección es un mecanismo de defensa psicológico natural que utilizamos para defendernos de las amenazas externas, atribuyendo la responsabilidad de nuestros rasgos, sentimientos y/o conductas a otra persona, hecho u objeto del medioambiente, ya que pensamos que lo malo o lo que genera malestar viene del entorno hacia uno mismo, en lugar de ver que se trata de algo propio e interno.

En los espíritus oscuros esto ocurre exageradamente. Los narcisistas y psicópatas, por ejemplo, la usan en exceso afirmando que la maldad que los rodea no es su culpa, sino de la víctima.

Así, se considera la proyección o generación de culpabilidad, como una técnica de manipulación psicológica en la que el manipulador traslada sus rasgos negativos o desplaza la responsabilidad de sus actos a otra persona u objeto.

Los manipuladores utilizan la proyección porque quieren destruir a sus víctimas para tener control sobre su vida. Para ello, la acusan de ciertas cosas por las que debe darle una explicación, lo que les permite dominar y convertirse en el «amo» al que se le debe responder por todo.

Aislar a la víctima (primera técnica) también facilita la aplicación de la proyección, ya que en estas condiciones funciona mejor.

Así, vemos, por ejemplo, que muchos políticos usan la proyección como técnica para culpar a otros Partidos, ideologías y/o países de sus problemas económicos o sociales y quitarse de encima la responsabilidad por la miseria.

La proyección también es utilizada en todos los países. ¿Puedes darte cuenta de algún ejemplo de tu país?

También en cualquier relación, tanto laboral como de pareja, es muy probable que el manipulador acuse de engaño o actúe de manera que muestre sospechas sobre el manipulado. En esta situación, el manipulador mantiene una vigilancia y persecución sobre la víctima que puede llegar hasta revisar sus mensajes, llamadas telefónicas, correos electrónicos e incluso, colocar sistemas de cámara o audífonos para tener un control permanente sobre la víctima y poderla acusar de algo.

Este comportamiento es característico si tu pareja es celosa/o, y utilizará con frecuencia el mecanismo de proyección, quizás sin darse cuenta, ya que no lo asocia con los celos. Como la proyección es, generalmente, un mecanismo psicológico inconsciente de defensa, el celoso/a sólo sospecha y cree que su pareja le está siendo infiel o quiere serle infiel.

El éxito de la proyección ocurre porque también existe una inclinación natural del ser humano a proyectar su sentido de empatía y compasión. Esto hace posible que cuando tu pareja, u otro manipulador, te acusa de haber hecho algo malo, te esfuerces en demostrarle que está equivocado, y al hacer eso, se refuerza la posición del manipulador; el problema no está en ti, sino en el manipulador, pues tiene baja autoestima y autoconfianza.

Si en algún momento sientes que alguien se está proyectando sobre ti, lo que debes hacer es obviarlo, y proyectar tus propios valores en otros que te den felicidad. Si es tu pareja, te darás cuenta que lo mejor es romper con esa relación y como ya te sugerí: ¡aléjate!.

El condicionamiento de recompensa

El condicionamiento de recompensa consiste en premiar aquellas conductas o comportamientos para que se afiancen y consoliden. Para ello se proporciona algún tipo de recompensa o estímulo positivo para propiciar que la probabilidad de ese comportamiento deseado se repita, tal y como lo predijo el psicólogo y pedagogo estadounidense Edward Thorndike, antecesor de la psicología conductista.

Esta técnica también es conocida como «reforzamiento positivo o refuerzo positivo». El condicionamiento de recompensa es una técnica común utilizada en el ámbito familiar, en la educación, en la psicología, en el terreno laboral, político, etc.

Es muy común que los padres usen esta técnica para lograr un comportamiento correcto de su hijo cuando, por ejemplo, le da la Tablet para jugar después de hacer sus deberes escolares; en la escuela se utiliza cuando un maestro elogia al estudiante frente a su grupo por realizar correctamente una actividad; en el trabajo cuando un jefe la usa para incrementar la productividad; en las relaciones sociales se utiliza para reforzar comportamientos de solidaridad y amistad, etc.

Pero cuando los manipuladores la usan, las intenciones cambian para su provecho. Por ejemplo, un manipulador se esforzará por destacar las cualidades positivas de la víctima en público con la intención de pedirle más tarde un favor que le beneficiará, como lo hace el adulador.

Un político manipulador ofrecerá una recompensa a largo plazo a cambio de seguir un plan o programa. Por supuesto, nunca llegará el momento de dar la recompensa y utilizará otras técnicas para seguir manipulando.

En el trabajo, un jefe con rasgos maquiavélicos puede ofrecer una buena recompensa a su subordinado por mantener en secreto una malversación. También ocurre cuando un subordinado, que quiere ascender social o económicamente, refuerza todas las decisiones de una figura de autoridad o alguien poderoso esperando una recompensa.

Algunos estímulos morales como cartas, diplomas, medallas, etc., son entregados como reconocimiento a actitudes destacadas o aportes económicos y sociales para promover comportamientos deseados sin gastos significativos, apelando solo a la moral y al sacrificio sin mejoras económicas para la víctima. ¿Conoces algún ejemplo?

Es posible que el condicionamiento de recompensa sea una de las técnicas de manipulación encubierta más utilizadas en las relaciones amorosas. Tu pareja puede lograr que hagas lo que quiere al elogiarte, halagarte, ofrecerte regalos y actuar con cariño para reforzar determinado comportamiento.

También, una persona con rasgos sádicos, después de maltratar a su pareja tratará de obsequiarla con algún regalo para evitar la denuncia, así, detrás del abuso viene una recompensa por el silencio.

Con toda seguridad has recibido muchas recompensas por tu comportamiento en determinados momentos de tu vida, ahora reflexiona si algunas de ellas han sido para provecho de algún manipulador.

El refuerzo negativo y el castigo

Si bien en el condicionamiento de recompensa o refuerzo positivo, la víctima obtiene un premio por actuar como el manipulador quiere que actúe, y el deseo de esa recompensa es lo que modifica el comportamiento (como puede ser sentirse remunerado por callar la malversación del jefe o recibir más caricias de la pareja por satisfacer sus demandas), en el refuerzo negativo el manipulado también es obligado a actuar como quiere el manipulador, pero en este caso, es para eliminar o quitar un estímulo que es molesto o incómodo para la víctima (como es quitar una sanción económica en el trabajo o dejar de golpear a la pareja).

Los estímulos negativos pueden ser psicológicos o físicos. El objetivo es incomodar, molestar o dañar al manipulado, por lo tanto, en el refuerzo negativo el manipulador quita el estímulo indeseado para que la víctima se esfuerce en que no vuelva a aparecer.

Por su parte, el castigo es una acción negativa que realiza el manipulador para debilitar las respuestas voluntarias de la víctima y reducir la probabilidad de que dicha respuesta vuelva a aparecer en el futuro.

El castigo funciona porque hace que la víctima tenga miedo de las consecuencias de contradecir la voluntad del manipulador. Los castigos pueden ser también físicos o psicológicos como los socio-económicos (multas, confiscación, etc.), corporales (torturas, privación de sueño, comida, libertad, trabajo forzado, pena de muerte, etc.), psicológicos (humillación pública, desprestigio, etc.).

Asimismo, el castigo se puede aplicar a un individuo o a un grupo, las represalias contra manifestantes que se oponen a un régimen es un ejemplo de castigo colectivo.

Como puedes ver, en el castigo el manipulador agrega algo negativo cuando la víctima no actúa de cierta manera, mientras que en el refuerzo negativo, el manipulador resta algo negativo cuando la víctima actúa de la manera que el manipulador quiere que actúe; se usa el castigo para evitar la realización de algo que no quiere que se haga, y usa el refuerzo negativo para forzar a hacer (o seguir haciendo) lo que desea.

El propósito del refuerzo es fortalecer las respuestas voluntarias, mientras que el castigo está dirigido a debilitar las respuestas voluntarias. De modo que, el manipulador elegirá una técnica u otra, según el tipo de resultado que desee ante una situación particular.

Sin embargo, en algunos casos los dos pueden superponerse, así, por ejemplo, una sanción es un castigo que se aplica a una persona o entidad que viola una ley, una norma o una regla, pero también es una forma común de refuerzo negativo si constituye una amenaza por no hacer algo.

En este sentido, las sanciones son utilizadas por naciones poderosas para lograr que otras se doblegen y someterlas, como lo es el embargo estadounidense a Cuba o las sanciones de la UE contra Rusia por la agresión militar a Ucrania, entre otros.

Pero todos los refuerzos negativos y castigos no son maléficos, pueden ser usados para el bien común; en la educación, en el trabajo, en la familia, en las relaciones amorosas pueden ser utilizados de manera sana. La cuestión es identificar cuándo estas técnicas son usadas para hacer daño. ¿Conoces algún ejemplo de tu país?

La intimidación

La intimidación es la técnica utilizada por los manipuladores para doblegar a la víctima a través del miedo, obligándola a realizar lo que no desea, puede ser directa o indirecta. En la intimidación directa el manipulador hace amenazas abiertas y utiliza el miedo para obligar al manipulado a la sumisión, los hechos pueden ser observados y se identifica al manipulador y a la víctima. En cambio, en la intimidación indirecta, las amenazas son disimuladas o solapadas y por lo tanto, no se identifica al manipulador.

Por lo general, el manipulador oculta su violencia por la reacción de rechazo que esta produce en la sociedad, así, la víctima, que puede ser un individuo, un grupo o un pueblo, siente miedo y se limita a actuar según sus ideas y convicciones.

Tanto la intimidación directa como la indirecta pueden ser de varios tipos, entre ellas físicas como los maltratos, los golpes, las amenazas con armas; psicológicas como el abuso verbal, la humillación, el desprecio, la crítica, la incriminación, las amenazas, el rechazo; de exclusión social por la etnia, por la política, por la religión, por problemas económicos, por la cultura; el bullying, muy famoso en centros escolares, que consiste en difamar y ridiculizar a la víctima para humillarla; el ciberbullying, que ocurre a través de internet o redes sociales donde el manipulador puede amenazar con exponer fotos o videos de la víctima si esta no accede a sus peticiones; el acoso sexual como el abuso, la coacción o la violación sexual.

El empleo de la intimidación es usada como técnica de manipulación por gobiernos para amenazar a posiciones contrarias a quienes ejercen el poder.

En esta técnica se inspiró el fascismo, así como otras dictaduras o gobiernos de corte opresor, represivo y antidemocrático que han utilizado el miedo para desgarrar la esperanza y ultrajar los derechos humanos. ¿Conoces algún ejemplo de tu país?

En el trabajo, la intimidación laboral (o acoso laboral) ocurre cuando un jefe, colega, o subordinado la utiliza intencionalmente para crear sentimientos de miedo, incapacidad o temor en la víctima; la grosería, los comentarios sarcásticos, las provocaciones, el chantaje, la violencia, entre otros tipos ya mencionados, intentan mostrar a la víctima como un incompetente para beneficio del manipulador.

Si sientes que en el trabajo tu jefe te asigna tareas que eres incapaz de concluir, está constantemente sobre ti señalándote faltas o te excluye, e incluso, sabotea tu trabajo, y te acusa de haber hecho algo incorrecto que no hiciste, puedes estar siendo víctima de intimidación laboral.

Esta técnica también se puede aplicar en las relaciones amorosas, y no siempre implica abuso físico o sexual; en una pareja ocurre si en lugar de experimentar amor, se siente miedo.

Si no logras complacer a tu pareja, hagas lo que hagas; si te culpas por los enojos e ira de la misma; si te sientes sin ánimo, recibes críticas, burlas, acusaciones, te sientes acosado/a, tienes miedo incluso hasta de hablar con otras personas, entonces puede ser que estes siendo intimidado/a. La solución ya la conoces: ponerle fin a esa relación.

Otras técnicas

El manipulador siempre está pensando y buscando la manera y oportunidad para subyugar a su víctima, nunca usará una sola técnica para mantener bajo control a los manipulados y alcanzar sus malévolos objetivos.

Existen otras técnicas que, de cierta manera, se relacionan con las descritas anteriormente y que el manipulador las usará según las características de la víctima y las condiciones dadas. Estas incluyen: la persistencia, la exageración de los hechos, el sensacionalismo, la subestimación de hechos o presentación de hechos con sesgo, la comparación con otras personas, el reforzamiento de estereotipos, la conversación sin sentido, el mostrarse bondadoso, el posponer situaciones placenteras, el tratar de convencerte, la agresividad, el chantaje emocional, el ignorarte, el victimismo, el llamar la atención, el fingir demencia, la argumentación, la seducción, entre otras.

****

Las técnicas de manipulación han sido utilizadas indistintamente por espíritus oscuros para someter a pueblos en su beneficio, algunos abusando de su superioridad o poder político de manera totalitaria, sin limitaciones legales y de forma cruel. De eso trata el próximo capítulo.

LÍDERES OSCUROS

Líder no es lo mismo que jefe. Un líder puede ser jefe, pero no siempre un jefe es un líder. Un jefe es una persona que se encuentra en un puesto superior de jerarquía y, por lo tanto, tiene autoridad o poder para mandar sobre sus subordinados. Todas las organizaciones jerárquicas como empresas, compañías, Partidos políticos, gobiernos, etc., tienen jefes a diferentes niveles, pero estos, no siempre son líderes.

Un líder es una persona que guía a otras que reconocen sus capacidades, se distingue por la influencia que ejerce sobre las personas o grupos que incentiva de manera entusiasta para lograr un objetivo común.

El líder innato surge de los grupos de personas de manera natural, quienes los siguen, confían y respetan. Este líder no tiene la necesidad de imponerse, ya que con explicar y ejemplificar es suficiente.

Existen diferentes tipos de lideres. El mejor de ellos es clasificado como líder positivo, que resulta ser una persona apasionada de lo que hace, es carismático porque despierta emociones en las personas que le siguen, las cuales lo admiran; comprende los sentimientos de los demás y les ofrece soluciones a sus problemas, sabe escuchar, hacer que sus seguidores se sientan escuchados y transmite de manera adecuada sus ideas y criterios; logra la confianza por su claridad y transparencia. Se muestra capaz de afrontar cualquier reto en todo momento y reponerse rápida y emocionalmente ante cualquier situación adversa con creatividad y coraje; persevera, si no salen bien las cosas al inicio, vuelve a intentarlo, esta cualidad se relaciona con la resiliencia y, se distingue por su responsabilidad y actitud positiva, entre otras características.

También existe el lídere negativo. Es aquel en el que predomina el uso del poder, las normas, las críticas y las metas están por encima de los valores de las personas a las que dirige. El peor líder es el que engaña malintencionadamente. Este es un *líder oscuro.* Se caracteriza por ser manipulador, despiadado, cruel, sanguinario, tirano, que si bien puede aparentar que tiene las cualidades de líder positivo, en realidad oculta su verdadera personalidad oscura. Es un espíritu oscuro que encubren sus desmedidas ambiciones.

Si combinas las características del líder positivo con los rasgos que tienen los espíritus oscuros (narcisista, maquiavélico, psicópata y sádico) podrás obtener la variedad de lideres oscuros que han existido en la historia de la humanidad. Esto explica el por qué sus pueblos los han seguido.

El objetivo principal del líder oscuro es llegar al poder y una vez alcanzado, mantenerse en el mismo; para lograrlo utiliza dos grandes estrategias y muchas tácticas. Las tácticas son las acciones que llevan a cabo para alcanzar metas más pequeñas y lograr el objetivo comprendido dentro de cada estrategia. Las técnicas de manipulación descritas en el capítulo anterior son utilizadas por el líder oscuro dentro de sus tácticas.

Estrategias y tácticas oscuras

El líder oscuro va de revolucionario a dictador. Al inicio de su camino se manifiesta como líder positivo y oculta sus verdaderas ansias de poder, una vez alcanzado el mismo, comienza a experimentar una metamorfosis que poco a poco va mostrando su personalidad oscura.

Por lo general, cree poseer algún poder sobrenatural o que es iluminado por un Dios que lo eligió como el único que puede guiar al pueblo hacia la salvación. Emerge en momentos de crisis, y su *primera estrategia* es llegar al poder a cualquier costo. Se alimenta del odio que el pueblo tiene al gobierno o al Estado imperante por conducir al país a la miseria.

Sus impulsos revolucionarios son respaldados por la crisis económica, política y social entre las que se destacan: la pobreza, el desempleo, la inflación, la desigualdad social y concentración de riquezas, la crisis en el sistema de salud, de educación, de viviendas, de alimentación, la represión, la necesidad de independencia, la ocupación o injerencia extranjera, entre muchas otras. Estas condiciones constituyen la oportunidad apropiada para aplicar determinadas *tácticas* que lo conducen al triunfo.

La primera *táctica* que utiliza el líder oscuro es sobresalir entre el pueblo por su oposición al gobierno imperante, logra liderar las manifestaciones, hacer discursos por diferentes medios, destacarse por su actividad en la organización a la cual pertenece y, si es necesario, crear una organización que lo identifique a él y a su movimiento, desde la que puede expresar con valentía lo que siente el pueblo reprimido y explotado, erigiéndose, entonces, como representante del pueblo.

Cuando logra estabilizarse en una organización y rodearse de seguidores, lanza su programa de cambio radical. Así, continúa movilizando a las masas, ganando cada vez más adeptos e impulsándolos hacia protestas, elecciones, sabotajes, golpes de estado o a tomar las armas.

El líder oscuro, sin mostrar su verdadero rostro, dirige el movimiento de liberación hasta derrocar al régimen e implantar un nuevo gobierno. Algunos lideres oscuros son militares que se destacan dentro de las fuerzas armadas y obtienen su apoyo.

Llegar al poder no resulta nada fácil, pudiera demorar años de lucha, tanto civil como armada, sufrir derrotas, cárceles, torturas, expulsión del país, sin embargo, sus ideales ante cada intento fallido se fortalecen y su persistencia lo conduce a la victoria; una vez que libera al pueblo del régimen opresor comienza a desarrollar su *segunda estrategia* que consiste en mantenerse en el poder a cualquier costo. Para lograr este objetivo utiliza otro sistema de *tácticas* que garantiza su éxito.

Una de las primeras tácticas utilizadas cuando alcanza el poder, es armar un aparato estatal que mantenga su gobierno, selecciona un grupo reducido de fieles seguidores que lo obedecen, en quienes puede confiar plenamente y ejercer su autoridad, generalmente suelen ser familiares, miembros de su misma secta religiosa, amistades fieles, entre otros.

Para mantener su gobierno en el poder y ejercer el control, utiliza varias tácticas tanto militares como civiles. Las militares consisten en crear y fortalecer un ejército a su favor, así como, un ministerio de seguridad y espionaje capaz de controlar al enemigo dentro y fuera del país sin importar el costo económico. No es necesario que el pueblo conozca el precio, sino que es para garantizar la libertad alcanzada y defenderlo.

La táctica civil consiste en crear organizaciones populares que apoyen a su gobierno, las que deben estructurarse jerárquicamente desde la nación hasta los grupos más reducidos de trabajadores o comunas, a través de las que tendrá el control masivo de la población.

El dinero y la riqueza que necesita los obtiene de la expropiación de los bienes acumulados por los poderosos del régimen anterior, interviene compañías, propiedades, viviendas, negocios, tierras, las que supuestamente pasan a manos del pueblo, pero bajo una dirección centralizada y totalitaria.

El líder oscuro siempre tiene enemigos y opositores. La táctica utilizada es eliminar directa o indirectamente a todo aquel que se oponga a su poder, incluso si es de su familia. Instaura el fusilamiento a los supuestos enemigos de la patria, que son los que se oponen a su gobierno, también mantiene algunos como presos políticos y utiliza la tortura y reprime cualquier manifestación contraria a sus ideales. Si alguno de sus cercanos seguidores comienza a tener mucha popularidad poniendo en riesgo su liderazgo, es eliminado de alguna manera.

Otra táctica utilizada es la creación de campos de concentración o campos de trabajo forzado donde algunos presos políticos, opositores, desafectos, disidentes, repudiados por la etnia, la religión o las inclinaciones sexuales, son obligados a trabajar bajo amenazas y en condiciones insalubres. Esta táctica llega a alcanzar su máxima expresión oscura con la creación de campos de exterminio donde se llevan a cabo genocidios.

Para obtener el poder absoluto, el líder oscuro utiliza como táctica el lema «En la unidad esta la fuerza» descrito en la moraleja de la fábula de Esopo «El viejo y sus hijos».[42] Si bien al principio, admite la democracia, poco a poco va manipulando al pueblo y a todas las organizaciones para convencerlos de la necesaria unidad bajo un solo Partido, así, va adoctrinando al pueblo en su ideología y reinventando la historia según sus intereses, como relata George Orwell en su novela distópica «1984»:

...Y si todos los demás aceptaban la mentira que impuso el Partido, si todos los testimonios decían lo mismo, entonces la mentira pasaba a la Historia y se convertía en verdad. «El que controla el pasado - decía el slogan del Partido-, controla también el futuro. El que controla el presente, controla el pasado.»...

El pueblo, sin percatarse, va siendo sometido a un régimen totalitario y a una dictadura.

Para esconder su verdadera avaricia utiliza otra táctica: invertir recursos en beneficios de la patria. Construye hospitales, escuelas, viviendas y forma profesionales competentes de los que se favorecerá más adelante.

El líder oscuro eleva, a dimensiones casi religiosas o sagradas, su figura carismática ante la sociedad, ponderando excesivamente sus méritos reales para lograr una inclinación casi ciega a su autoridad.

Aliarse a Partidos y gobiernos de otros países que lo apoyen económica, política, ideológica y militarmente es otra de las tácticas; siente la necesidad de apoyo internacional y de integrarse a un bloque que lo proteja. Participa y colabora en organismos internacionales según sus intereses; muestra sus «valores humanos» brindando a países necesitados sus profesionales (médicos, ingenieros, maestros, etc.) que ejercen su labor en condiciones inseguras por estipendios bajos y grandes ganancias para su gobierno.

Exporta su ideología para ganar adeptos y exporta la guerra para ganar territorios, invadiendo militarmente otros países o apoyando militarmente la liberación de países en conflicto.

A la vez, trata de mantener aislado a su país de influencias ideológicas contrarias, controlando y manipulando los medios de comunicación, con lo que impide bajo cualquier costo, la entrada de información del exterior que se oponga a su régimen y reprime a los que escuchan emisoras extranjeras o cualquier otro tipo de información.

Restringe e impide las salidas del país de cualquier ciudadano por su cuenta, solo pueden viajar aquellos que van por una misión estatal, pero los que logran salir o los que se quedan en otros países sufren castigos y no pueden regresar, separando familias.

Cuando se hacen incontrolables los desafectos, entonces abre las puertas a salidas masivas del país, para aliviar su tensión, forzando al exilio a ciudadanos que utilizan cualquier medio (terrestre, acuático, aéreo) para huir del régimen, aunque muchos mueren en el intento.

El líder oscuro crea y expande el miedo en el pueblo, no solo a través de todas las atrocidades para manipular y someter a la sociedad, sino dando a conocer qué les ocurre a aquellos que se oponen, tanto dentro del país como en el exterior, viola los derechos humanos, prohíbe la libertad de expresión, la libertad de prensa, la libertad de culto.

Este tipo de líder controla el gobierno, la administración, la estructura económica y el poder judicial, impone la dirección y el control central de la economía a través de la planificación estatal, y culpa a los países enemigos de sus fracasos económicos y sociales, para ocultar su incapacidad de desarrollar los medios de producción y la fuerza de trabajo que crean las riquezas y aseguran el desarrollo humano. Controla todo el comercio, fija precios, aplica impuestos o paga menos salario para disimular que no hay impuestos.

El control interno de la divisa que entra por diferentes vías es esencial para la subsistencia del gobierno, creando mecanismos de apropiación mientras se eleva la inflación, con el aumento generalizado y sostenido de los precios de los bienes y servicios existentes.

Para darle continuidad al régimen, se nombran sucesores elegidos por el líder oscuro, algunas veces familiares cercanos o fieles seguidores.

****

Seguramente, mientras leías las *estrategias y tácticas* utilizadas por los *lideres oscuros* fuiste identificando algunos de ellos, no cabe duda, de que uno de los más significativos fue Adolf Hitler, pero la lista es larga.[43]

Favorablemente, la historia también registra muchos *líderes claros*, líderes pacifistas que además de ser positivos, guiaron a sus pueblos por el camino de la independencia y la emancipación sin violencia, evitando la lucha armada y muertes. Dos ejemplos bien conocidos fueron Mahatma Gandhi y Nelson Mandela y, como la anterior, la lista es mucho más grande.[44]

Los líderes oscuros no son los únicos que han manipulado a pueblos, también el Estado de cualquier nación ejerce sutilmente un enorme poder manipulador, como verás en el próximo capítulo.

EL PODER OSCURO DEL ESTADO

Los Estados existen desde la antigüedad. Surgieron hace 5 500 años con el crecimiento de las ciudades, el surgimiento de la escritura, las religiones y después el dinero. Sin embargo, no se llamaban Estados, fue Maquiavelo en su libro «El príncipe» quien introdujo la palabra «Estado» para definir la autoridad de una organización política sobre la sociedad.

Se considera el Estado como la más importante forma de organización social en el mundo, porque agrupa los tres poderes: el poder legislativo (que hace las leyes), el poder ejecutivo (que ejecuta las leyes), y el poder judicial (que interpreta las leyes y las hace cumplir). Pero desde el siglo XIX se comenzó a hablar de un «cuarto poder» por su influencia en los asuntos sociales y políticos dentro de un país, y a nivel mundial. Se considera a los *medios de comunicación* como el cuarto poder (el poder oscuro del Estado).

Con el leguaje y la escritura la transmisión de los conocimientos entre los humanos se incrementó, y con los descubrimientos científicos-tecnológicos surgieron y se desarrollaron diferentes medios de comunicación, como la prensa escrita y los medios audiovisuales hasta llegar a la revolución informática y la telecomunicación.[45]

Hoy, la mayoría de las industrias de comunicación de tecnología impresa y audiovisual (radio, televisión, telefonía, correo, periódico, revistas, libros, cine, etc.), utilizan la tecnología multimedia y la Internet, esta última ha permitido el desarrollo de nuevas formas de comunicación personal, así como las redes sociales.

Sin lugar a dudas, las tecnologías de la información y comunicaciones (TIC) facilitan el acceso a la información, mejoran la comunicación, mejoran el proceso de socialización e influyen en el entorno familiar, académico y laboral; las TIC pueden ayudar a que nuestro mundo sea más justo, más pacífico y más equitativo, pero eso está en las manos de los gobiernos, las empresas, las compañías y los individuos.

Como los medios de comunicación son tan poderosos, los manipuladores lo utilizan para engañar y alcanzar sus objetivos. Las técnicas de manipulación analizadas, se utilizan estratégicamente por los medios de comunicación a través de la mentira, como expresión contraria a la verdad, a lo que se conoce, a lo que se cree, a lo que se piensa, pues su objetivo es engañar. Es importante recordar que el engaño constituye la esencia de todas las técnicas y estrategias que utilizan los manipuladores.

El manipulador miente y engaña a la víctima para crear una imagen distorsionada de sí mismo, ocultando verdades, omitiendo información importante o creando falsas verdades. Todos mentimos alguna vez, pero las personas que mienten constantemente son más propensas a ser manipuladoras.

Un tipo de mentira muy usual es la mentira por omisión, que significa no dar todos los detalles. A los manipuladores les gusta mentir por omisión en la política, en el trabajo, en la vida amorosa, en cualquier relación social.

El poder de los medios de comunicación es utilizado por los manipuladores para llegar a más personas y vender publicidad, difundir ideas políticas y posicionar marcas, así, en la publicidad de determinados productos se resaltan los aspectos positivos, pero se omiten los negativos.

Manipulación de la publicidad

La mayoría de las empresas exageran las virtudes de sus productos con el objetivo de convencer a los consumidores, pero hay una diferencia entre exaltar las características de un producto o mentir sobre las mismas. La publicidad engañosa es una estafa, ya que manipula a los destinatarios a través de la mentira y el engaño.

Existen varios tipos de publicidad engañosa y en los últimos años ha surgido la denominada greenwashing o publicidad verde engañosa. Se trata de un engaño al consumidor, aludiendo que el producto presenta ciertas características relacionadas con el cuidado del medioambiente y el desarrollo sostenible, cuando esto no es cierto, por lo que debes tener mucho cuidado cuando veas que un producto dice que es 100 % natural o que es respetuoso del medio ambiente.

La lista de este tipo de manipulación publicitaria es enorme; un ejemplo ocurrió en el 2019 cuando la McDonal's lanzó sus nuevas pajitas de papel (sorbetes, popotes o pitillos) para proteger el medio ambiente, sin embargo, resultaron ser no reciclables; otro ejemplo cínico, es colocar una etiqueta verde a un producto para que parezca más saludable y sostenible, como en la Coca-Cola Life que con 6.6 % de azúcar está lejos de ser una bebida saludable.

El concepto de bioplástico también es fraudulento, porque una botella puede ser reciclada, pero no significa que sea biodegradable, la tecnología del bioplástico aun es muy costosa.

Dentro de la manipulación de la publicidad hay otro tipo de engaño que obliga al usuario a realizar una acción inconscientemente. Se trata de la publicidad subliminal, en la que, a través de colores, formas y palabras se diseñan mensajes para generar un impacto en el subconsciente, logrando que el público haga asociaciones delicadas, pero poderosas, entre una marca y un significado intencional.[46]

La publicidad subliminal se da tanto en películas, videos, series, revistas, videojuegos, anuncios e incluso en los logos. Observa estos dos ejemplos clásicos actuales de logotipos. En ellos, muchos no ven el mensaje subliminal (ver figuras 8 y 9).

Figura 8. Logotipo actual de Amazon. La flecha transmite la sonrisa que sienten los usuarios porque pueden encontrar de todo, desde la **a** hasta la **z**.

Figura 9. El logotipo de Fedex esconde entre sus letras E y X la forma de una flecha que transmite la velocidad y precisión de sus entregas.

Estrategias de manipulación de los medios de comunicación

La manipulación de los medios de comunicación no se utiliza solamente para la publicidad, sino también para la propaganda, el marketing, las relaciones públicas, las campañas políticas, la guerra psicológica, etc.

En el 2002, el escritor francés Sylvain Timsit, describió diez estrategias sobre la manipulación masiva a través de los medios de comunicación, para desenmascarar las herramientas psicosociales que permiten tener distraída a la población de lo que realmente es importante.[47]

El objetivo de estas estrategias, que se reseñan a continuación, es que los verdaderos problemas de los ciudadanos sean disipados mediante la manipulación de los medios de comunicación para lograr una sociedad más sumisa y poco crítica, mientras se benefician los del poder.

Distracción

La distracción es la estrategia más difícil de detectar y más eficaz. Se trata de desviar la atención del público sobre los problemas importantes a través de continuas distracciones e informaciones insignificantes, o sea, los problemas más importantes son enmascarados por otros de menor relevancia.

Esta estrategia es indispensable para impedir que el público se interese por cuestiones esenciales de la política, la cultura, la economía o la problemática social. Como resultado, se le mantiene ocupado, sin ningún tiempo para pensar.

Es muy utilizada en los países cuando se apela al orgullo nacionalista para refutar manifestaciones de oposición, también como oposición hacia un país en concreto, una ideología o creencia. En sus argumentos se recuerdan logros pasados para mejorar la autoestima del pueblo.

La distracción es usada a través de programas de entretenimiento para deleitar al público y evadir, temporalmente, sus preocupaciones y problemas. El desarrollo de la tecnología informática ha ampliado las formas de entretenimiento, no solo para dar placer y relajación, sino para distraer a las personas y consumir su tiempo en cosas banales.

¿Conoces algunos ejemplos?

Problemas/solución

A través de los medios de comunicación los manipuladores crean un problema o una determinada situación, prevista de antemano, para causar una reacción en el público con el fin de que éste sea el que demande las medidas de solución que el manipulador quería implantar desde el inicio.

Como la ley del mercado, se crea la demanda para presentar después la oferta. Es muy conocido que cuando el precio de un producto resulta muy bajo, entonces se crea una situación de escasez, la cual hará que los consumidores estén dispuestos a pagar más por el mismo.

Si recuerdas, los planes belicistas de Bush fueron negados en el congreso, pero al día siguiente ocurrió el atentado de las Torres Gemelas y fue aprobado inmediatamente. Es que nadie compra seguridad sin verse amenazado; así que, se precisa crear el clima de inseguridad (hasta de pánico) para que la ciudadanía implore seguridad al precio que sea necesario.

Los primeros que crean las crisis económicas y financieras son los mismos que actúan como jueces y parte interesada ante las demandas de soluciones urgentes, obligando a que se tomen las medidas que el sistema necesita para continuar explotando al pueblo con sus especulaciones.

¿Conoces otro ejemplo?

Gradualidad

Para lograr que se acepte una medida inaceptable es necesario que se aplique gradualmente, poco a poco, durante años.

La estrategia de gradualidad consiste en ir acostumbrando a las personas, lentamente, a determinados cambios para que no sea demasiado fuerte o dramático, porque si se diera de una sola vez se estaría abriendo paso a una revolución. De esta manera fue que se crearon las condiciones socio económicas nuevas (neoliberalismo) durante las décadas de 1980 y 1990.

En los países con economía planificada ineficiente ocurren, como resultado, la escasez de productos básicos, la pérdidas de valores y la aparición de mercados negros. El gobierno, al no poder satisfacer todas las necesidades primarias y secundarias de la población, va haciendo recortes de los consumos (productos, bienes o servicios como los alimentos, las bebidas, la energía, etc.) gradualmente, durante años, para mantenerse en el poder y continuar oprimiendo al pueblo.

Aunque esta estrategia de manipulación es a largo plazo, sus resultados son mayores durante generaciones completas.

¿Conoces algún ejemplo?

Diferir

El aprendizaje por «habituación» es considerado la forma de aprendizaje más primitiva, que permite la adaptación del individuo al medioambiente donde vive. La habituación es una disminución de la respuesta del individuo cuando un estímulo se presenta repetidamente. La estrategia de diferir se aprovecha de este proceso que es esencial para la supervivencia.

Es otra manera de hacer que el pueblo acepte cuando una decisión impopular e injusta es presentada como «dolorosa pero necesaria en el presente», para que «todo mejore en el futuro». Así, con el tiempo, la ciudadanía se va acostumbrando a la situación insatisfactoria y acaba aceptándola como normalidad para que cuando llegue el momento del futuro prometido y no se produzca la mejora, la población ya esté habituada a las condiciones injustas de vida.

¿Conoces algún ejemplo?

Sugestión infantil

Esta estrategia se basa en la «sugestión» como la influencia provocada en la manera de pensar o de actuar de las personas, por algo o alguien.

Se considera que de cierta manera todos somos sugestionables. Los manipuladores, a través de los medios de comunicación, utilizan la sugestión indirecta por ser más sutil. Los comportamientos de quienes sugestionan inducen a las personas sugestionadas a hacer lo que quieren, de esta manera, los contenidos publicitarios se dirigen al público como si fueran niños y utilizan discursos, personajes y argumentos infantiles para obtener una respuesta o reacción de la población también infantil y sumisa, o sea, desprovista de sentido crítico.

¿Conoces algún ejemplo?

Emoción vs. Razón

Todos los seres humanos tenemos un repertorio de conductas que obedecen a un conjunto de reglas de comportamientos según la proposición: SI / ENTONCES, para las cuales no tenemos que razonar, por ejemplo:

SI - veo un león acercarse a mí - ENTONCES – huyo.

Gracias a esta regla, nuestros antepasados sobrevivieron en las peligrosas praderas, y hoy estas aquí.

Para preservar la vida del peligro, se activa instantáneamente el sistema simpático y se desencadenan un conjunto de reacciones que incrementan la respiración, aumentan los latidos del corazón, tensionan los músculos, entre otros, cuya función es preparar al cuerpo para la huida, según la regla aprendida; también una regla puede enviar señales y activar otras reglas como, por ejemplo, prestar mayor atención, agudizar la vista, afinar el oído, etc.

Lo que sucede es que siempre *la emoción llega antes que la razón*. Por eso, en el ejemplo, lo primero es huir y después pensar. Así responde automáticamente tu cerebro ante cualquier cambio o alerta. La estrategia de manipulación que utiliza la emoción antes que la reflexión se fundamenta en este proceso.

Los medios de comunicación te motivan a hacer o dejar de hacer algo. Sin percatarte implantan miedos, ideas, deseos, temores, dudas, remueven sentimientos que inducen a determinados comportamientos.

Desde una amenaza terrorista que provoca el miedo, hasta un anuncio para adelgazar, que influye en el deseo de comprar el producto que ellos venden para verse mejor físicamente, todos trabajan sobre el aspecto emocional.

Los elementos que componen nuestra emotividad constituyen un almacén oculto manipulable por los inescrupulosos medios de comunicación, que mediante frase-slogan, tópicos míticos, chismes, simples descalificativos, exageración desmedida, insistencia, sufrimientos y la repetición de la misma mentira hasta convertirla en verdad, son utilizadas como herramientas eficaces con toda su irracionalidad.

La alarma social con los medios de comunicación es un arma eficaz previa a la implantación o aprobación de medidas que el pueblo va a demandar, con la creencia de que su decisión emana de la más pura e incontaminada racionalidad del gobierno; esta es una de las más potentes estrategias que la periodista canadiense Naomi Klein ha denominado como «La doctrina del shock».[48]

¿Conoces más ejemplos?

Ignorancia

Los medios de comunicación prefieren un público alejado de la intelectualidad y la cultura, mantenerlos informados, pero aislados de saberes y conocimientos les permite manipularlos más fácilmente y evitar que puedan adoptar actitudes de rebeldía y oposición.

Los contenidos mediáticos deben ser tan pobres e insignificantes como sea posible. Mantener distraído al público (primera estrategia) y además, sin saber nada de los principios básicos de los sistemas, guiándolos a la confusión y lejos de los verdaderos problemas sociales, garantiza que se enfoquen en temas banales y programas basura para lograr los objetivos del gobierno.

Según el lingüista y filósofo estadounidense Noam Chomsky «En un estado totalitario no importa lo que la gente piensa, puesto que el gobierno puede controlarla por la fuerza empleando porras. Pero cuando no se puede controlar a la gente por la fuerza, uno tiene que controlar lo que la gente piensa, y el medio típico para hacerlo es mediante la propaganda, marginalizando al público en general o reduciéndolo a alguna forma de apatía».[49]

¿Conoces algún ejemplo?

Mediocridad

A las oligarquías económicas que dominan los medios de comunicación les interesa un público inepto, por esa razón promueven la mediocridad, la vulgaridad, la mala educación y la incultura como una práctica a seguir, a través de canciones groseras, con letras sobre violencia, sexo y drogas, así como el culto al cuerpo y a la apariencia, el desprecio a lo intelectual, la oferta al consumismo, al egoísmo, a la despreocupación, y la imposición de modas que se convierten en muy populares veneradas por el público y sobre todo por los jóvenes.

¿Conoces algún ejemplo?

Autoculpabilidad

Esta estrategia consiste en hacerle creer al individuo que solamente él es el culpable de su mala situación y nadie más; sus malas decisiones, su poca capacidad o inteligencia, sus insuficientes esfuerzos son la causa de su desgracia, desarrollando un sentimiento de autoculpabilidad que desemboca en el conformismo.

De esta manera, en lugar de rebelarse contra el sistema económico, se minusvalora y se culpa, lo que genera un estado depresivo cuyo efecto es la inhibición de la posibilidad de una acción a favor de un cambio social.

¿Conoces algún ejemplo?

Armas silenciosas

Los avances científico técnicos de los últimos años en esferas como las neurociencias aplicadas, la psicología, la sociología, la informática, las finanzas, entre muchas otras, han mostrado un conocimiento avanzado sobre el ser humano y sus modos de actuación.

Estos conocimientos son utilizados por las oligarquías económicas a través de los medios para ejercer mayor poder y control sobre los individuos y manipular a la población en la dirección que les convenga.

Mantener al pueblo distraído, saboteando sus actividades mentales, con baja calidad en la enseñanza, desmotivando la creatividad, aumentando el egocentrismo y su gusto por las actividades emocionales y físicas, incrementando los programas de acción, de violencia, de guerra, de sexo, reescribiendo la historia del país, desplazando el pensamiento del publico hacia necesidades externas y artificiales y creando confusión, forman parte de las estrategias para manipular a los pueblos como manifiesta el documento «Las armas silenciosas para guerras tranquilas» del Club Bilderberg, un grupo de reflexión que reúne cada año a las 130 personas más poderosas e influyentes del mundo en las finanzas, la economía, la política, las fuerzas armadas, los servicios secretos y los medios de comunicación.[50]

¿Conoces otros ejemplos?

****

El avance de la ciencia y la tecnología durante las últimas décadas han develado algunos secretos del cosmos y de la vida. Con estos descubrimientos se han elaborado teorías que permiten explicar nuestro lugar en el universo, aunque sabemos que es solo una gota de agua dentro del inmenso océano de ignorancia. ¿Podremos conocer más sobre la oscuridad que nos permea? Albert Einstein tiene la respuesta:

> «El mundo que hemos creado es un proceso de nuestro pensamiento. No se puede cambiar sin cambiar nuestra forma de pensar».

LOS SIENTO, PERO NO LOS VEO

EPÍLOGO

Lo que ves, sabes y crees no es todo lo que existe. Hay una oscuridad material y una oscuridad espiritual que te rodea y te permea. La oscuridad material domina la mayor cantidad de materia en el universo; la oscuridad espiritual trata de dominar en la Tierra.

Tanto la materia oscura como la energía oscura son, en realidad, invisibles y misteriosas, nunca se han detectado directamente y solo se percibe su presencia a través de los efectos gravitatorios que producen sobre la materia ordinaria o sobre el propio universo en su conjunto.

Pero los científicos tratan de iluminar su naturaleza y estudiar cómo la competencia (o colaboración) entre ellas da forma a la estructura a gran escala del universo a lo largo del tiempo cósmico.

Sean lo que sean, la materia oscura y la energía oscura no tienen una explicación a través de las teorías actuales, lo que indica la posible necesidad de ampliar el modelo estándar de la física de partículas y la relatividad general.[51]

Se impone el descubrimiento de una nueva teoría que acabará de manera dramática con lo que hasta hoy creemos saber.

Por otra parte, la oscuridad espiritual se apodera de nuestras mentes. La oscuridad espiritual no es solo para los teístas que se apartan de Dios o para los teístas que veneran a Satanás. Teístas y ateos son manipulados por personalidades oscuras para hacer daño.

Continuamente somos manipulados por individuos, grupos, empresas, gobiernos o Estados cuyo objetivo es controlar, someter e imponer una conducta en su beneficio.

No existe una sola personalidad que identifique al manipulador. Los rasgos de las diferentes personalidades oscuras pueden estar presentes en diferentes grados en los manipuladores.

Conocer las técnicas que utilizan los manipuladores, las tácticas de los líderes oscuros y las estrategias de los medios de comunicación te ayudarán a prepararte para la vida. El futuro está en tus manos, como la leyenda de la mariposa azul.

Una ficción

La materia oscura y la energía oscura son dos caras de la misma sustancia llamada Darkmaten (del inglés dark matter y energy).

Bajo determinadas condiciones Darkmaten puede producir un efecto de atracción, pero si esas condiciones cambian el efecto se invierte y produce repulsión.

Es como el amor y el odio. Tú puedes sentir atracción hacia determinada persona por amor; también puedes sentir repulsión por odio. El amor y el odio son dos fuerzas opuestas, y su poder es tan grande que no existe distancia, por muy extensa que sea, capaz de debilitarlo.

...Una vez, solo existió un gran amor. De repente, hubo una gran explosión y apareció el odio, que es oscuridad. El odio, alimentándose del mismo odio, creció y se expandió aceleradamente. Pero en un lugar y un momento determinado, sin percatarse, se enamoró. Nació un nuevo amor dentro del mar de

odio, y fue entonces, que una pequeña fracción salió a la superficie, iluminando tenuemente la oscuridad. Emergió la luz…

Pero el amor y el odio no están constituidos de materia bariónica u ordinaria, no interaccionan con la radiación electromagnética, aunque se manifiestan.

Darkmaten podría ser capaz de autoorganizarse y formar estructuras muy complejas. Si con menos del 5 % de materia ordinaria en el universo se formó la vida y surgió la inteligencia, ¿qué podrá haberse alcanzado con más del 95 % de Darkmaten? Y aun no lo sabemos.

Darkmaten también crea la materia ordinaria. En el vacío cuántico aparentemente no hay nada, pero en realidad está lleno de partículas, energía y ondas que surgen de manera misteriosa y se esfuman rápidamente como un fantasma. Esta es una explicación a los fenómenos ufológicos descritos en investigaciones gubernamentales y privadas.

Darkmaten está en todas partes del universo, se propaga en el tiempo y en el espacio e invade nuestra existencia sin darnos cuenta, ni poderlo ver. ¿Será el Dios que todos buscamos?, ¿Darkmaten tendrá dominio sobre nuestra conciencia?.

Albert Einstein nuevamente responde a estas preguntas:

«Creo en el Dios de Spinoza que se revela en la armonía de todo lo que existe. No creo en un Dios que se ocupe del destino y las acciones de los seres humanos».

LOS SIENTO, PERO NO LOS VEO

REFERENCIAS BIBLIOGRAFICAS

1. Center for Astrophysics. Harvard & Smithsonian. (7/4/2022). Los científicos han descubierto la galaxia más lejana de la historia. https://www.cfa.harvard.edu/news/scientists-have-spotted-farthest-galaxy-ever
2. Imagen tomada de The science times. (Apr 08, 2022). Where Is the Farthest Galaxy? Telescope Points Out Where It Is!. https://www.sciencetimes.com/articles/37048/20220408/where-is-the-farthest-galaxy-telescope-points-out-where-it-is.htm
3. UnoTV. (9 abr 2022). Descubren la galaxia más lejana, se llama "HD1" está a 13 mil 500 millones de años. [video]. Disponible en https://www.youtube.com/watch?v=YhL3yl1iGkk
4. Efecto Doppler. (14 jun 2022). En Wikipedia. https://es.wikipedia.org/wiki/Efecto_Doppler#%C3%81lgebra_del_efecto_doppler_en_ondas_sonoras
5. Hinshaw, G. (2014). NASA WMAP, ed. «What is the Universe Made Of? ». https://map.gsfc.nasa.gov/universe/uni_matter.html
6. Capítulo 4 «ΛCDM: Cosmological Model with Dark Matter and Dark Energy» de Rubakov, V. and Gorbunov, D. (2017). *Introduction to the Theory of the Early Universe: Hot Big Bang Theory.* Second Edition. World Scientific. https://1lib.us/book/3524631/237a2a
7. Imagen adaptada de Archivo: Cruz de Einstein.jpg (16 de octubre de 2021). En Wikipedia. https://commons.wikimedia.org/wiki/File:Einstein_cross.jpg

8. Markevitch, M., González, A., Clowe, D., Vikhlinin, A., Forman, W., Jones, C., Murray,S. and Tucker, W. (may. 2004). Direct constraints on the dark matter self-interaction cross-section from the merging galaxy cluster 1e 0657–56. *The Astrophysical Journal. Vol. 606.* https://iopscience.iop.org/article/10.1086/383178

9. Imagen adaptada de la materia oscura de X-ray: NASA/CXC/CfA/M. Markevitch et al. (15 de enero de 2017). La materia del Cúmulo Bala. OBSERVATORIO.info https://observatorio.info/2017/01/la-materia-del-cumulo-bala-3/

10. Astronomy Picture of the Day. (2020 December 16). Sonified: The Matter of the Bullet Cluster. https://apod.nasa.gov/apod/ap201216.html

11. Tomasz Nowakowski (february, 14 de 2023). Chinese astronomers discover an isolated dark dwarf galaxy. En https://phys.org/news/2023-02-chinese-astronomers-isolated-dark-dwarf.html

12. M. Bashkanov, M. and D. P. Watts, P. (12 February 2020). A new possibility for light-quark Dark Matter. Journal of Physics G: Nuclear and Particle Physics. https://eprints.whiterose.ac.uk/159157/1/Bashkanov_20 20_J._Phys._G_Nucl._Part._Phys._47_03LT01.pdf

13. Europa press. (17/12/2020). La 'gravedad modificada' desafía la teoría de la materia oscura. En cienciaplus. https://www.europapress.es/ciencia/astronomia/noticia-gravedad-modificada-desafia-teoria-materia-oscura-20201217104128.html

14. Rivero, A. (9/12/2021). Las nubes de bosones podrían explicar la materia oscura. En Astrobitácora. Noticias de astronomía. https://www.astrobitacora.com/las-nubes-de-bosones-podrian-explicar-la-materia-oscura/

15. Anuncio de la Real Academia Sueca de las Ciencias. (octubre, 4 del 2001). Nobel de Física 2011 para el descubrimiento de la expansión acelerada del

universo.https://www.agenciasinc.es/Noticias/Nobel-de-Fisica-2011-para-el-descubrimiento-de-la-expansion-acelerada-del-universo

16. Los Dados de Einstein. (31 may 2021). Dark Energy Survey: Cazando a la Energía Oscura. [video]. Disponible en https://www.youtube.com/watch?v=3LYq3LPJYKw

17. Jeffrey, N., Gatti, M., Chang, C., Whiteway, L., Demirbozan, U., Kovacs, A., Pollina, G., Bacon, D., Hamaus, N., Kacprzak, T., Lahav, O., et al. (August 2021). Dark Energy Survey Year 3 results: Curved-sky weak lensing mass map reconstruction. *Monthly Notices of the Royal Astronomical Society, Volume 505, Pages 4626–4645* https://academic.oup.com/mnras/article/505/3/4626/6287258

18. Frieman, J., Turner, M, and Huterer, D. (september, 2008). Dark Energy and the Accelerating Universe. *Annual Review of Astronomy and Astrophysics. Vol. 46* https://booksc.org/book/22839972/f7c6c3

19. Gong-Bo Zhao, Marco Raveri, Levon Pogosian, Yuting Wang, et al. (2017). Dynamical dark energy in light of the latest observations. *Nature Astronomy* 1, 627–632. https://pt.booksc.org/book/66853433/35a9de

20. En la mitología griega, Kratos era la personificación masculina de la fuerza, el poder o el dominio. Ver a: Kratos (28/1/2023). En: Todo mitología.com https://todomitologia.com/kratos-hechos-e-informacion-sobre-el-dios-kratos/

21. Minami, Y. and Komatsu, E. (2020, Nov). New Extraction of the Cosmic Birefringence from the Planck 2018 Polarization Data. *Physical Review Letters. Vol. 125* https://journals.aps.org/prl/abstract/10.1103/PhysRevLett.125.221301#fulltext

22. Madrid Deep Space Communications Complex. DEEP SPACE NETWORK. https://www.mdscc.nasa.gov/index.php/2022/12/07/se-implementan-componentes-opticos-en-el-telescopio-espacial-roman/

23. Ver sitio web SKAO. https://www.skatelescope.org/the-ska-project/

24. La Nueva Versión Internacional de la biblia está traducida directamente de fuentes en hebreo, arameo y griego y es una de las versiones más difundidas de la Biblia. Ver a: *The Holy Bible, New International Version (NIV)*. Zondervan. https://u1lib.org/book/2954243/31ed78

25. Para mayor profundidad sobre esta relación compleja en la UCCMMA ver el epígrafe 1.3 del Capítulo 1 de Romero, J. (2020). *Neurocomplejidad educativa. Una perspectiva para la indagación.* USA. Independently Published. https://www.amazon.com/-/es/Jes%C3%BAs-L%C3%A1zaro-Romero-Recasens/dp/B08NX3RNGD

26. Paulhus, D. and Williams, K. (2002). The Dark Triad of personality: Narcissism, Machiavellianism, and psychopathy. Journal of Research in Personality. Vol. 36, pp. 556-563. https://pt.booksc.org/book/14022001/4d58f4

27. Paulhus, D., Buckels, E., Trapnell, P. and Jones, D. (2021). Screening for Dark Personalities: The Short Dark Tetrad (SD4). European Journal of Psychological Assessment, 37(3), 208–222 https://www.erinbuckels.com/uploads/EJPA.SD4.with.pagination.pdf

28. Lowen, A. (2014). El narcisismo: La enfermedad de nuestro tiempo. Grupo Planeta. https://pt.b-ok.cc/book/11714266/477d9b

29. Psicología-Online el Test de narcisismo. https://www.psicologia-online.com/test-de-narcisismo-4366.html

30. Maquiavelo, N. (1900). El Príncipe. Altaya. https://pt.b-ok.cc/book/5274978/4c2153

31. Christie, R. and Geis, F. (1970). Studies in Machiavellianism. Academic Press. https://pt.b-ok.cc/book/2277836/e2fd6f

32. Si te interesa conocer el grado de maquiavelismo que tienes, entra a la versión interactiva de la prueba MACH-IV. https://openpsychometrics.org/tests/MACH-IV/

33. Dutton, K. (2013). La sabiduría de los psicópatas: Todo lo que los asesinos en serie pueden enseñarnos sobre la vida. Grupo Planeta. https://pt.b-ok.cc/book/11906986/a15360

34. Si te interesa conocer el grado de psicópata que tienes entra a la versión interactiva del test de psicopatía de Robert Hare en https://www.psicologia-online.com/test-de-psicopatia-de-robert-hare-3959.html

35. Plouffe, R., Smith, M., & Saklofske, D. (January, 2018). A psychometric investigation of the Assessment of Sadistic Personality. Personality and Individual Differences, 140, 57–60. https://pt.booksc.org/book/67826889/3dff3c y Plouffe, R. A., Smith, M. M., & Saklofske, D. H. (January, 2017). The assessment of sadistic personality: Preliminary psychometric evidence for a new measure. Personality and Individual Differences. Vol. 104. https://pt.booksc.org/book/60190934/2c7a39

36. IDRLabs. Test de sadismo de 6 minutos. https://www.idrlabs.com/es/test-de-sadismo-de-6-minutos/test.php

37. Museo Conmemorativo del Holocausto de los Estados Unidos (May 18, 2022). La propaganda y la censura nazi - Holocaust Encyclopedia.

https://encyclopedia.ushmm.org/content/es/article/nazi-propaganda-and-censorship
38. Oxford Learner's Dictionaries (s.f.). Gaslighting. https://www.oxfordlearnersdictionaries.com/definition/english/gaslighting?q=Gaslighting
39. Varsity. (22 de octubre de 2022). Trump y la historia del gaslighting político. Cambridge, Reino Unido. https://www.varsity.co.uk/opinion/19909
40. CNN. (25 nov 2015). Trump se burla de reportero con discapacidad. [video]. Disponible en https://www.youtube.com/watch?v=PX9reO3QnUA
41. Freud, S. (1991). Obras Completas: Primeras Publicaciones Psicoanaliticas (Vol. 3). Amorrortu Editores. https://pt.b-ok.cc/book/847063/85e72d
42. Fabulas de Esopo. (2023). El viejo y sus hijos. https://www.fabulasdeesopo.es/fabulas-con-personas/el-viejo-y-sus-hijos/
43. Muy interesante (2023). Los personajes más despiadados de la historia. https://www.muyinteresante.es/historia/31166.html
44. Pacifistas en la historia. https://centros.edu.xunta.es/iesgamallofierros/webantiga/web_filo/pacifistas_en_la_historia.htm
45. Ver el epígrafe «La evolución del cerebro humano» de Romero J. (2022). Milagros y Misterios. USA. Independently Published. https://www.amazon.com/-/es/Jesús-Lázaro-Romero-Recasens-ebook/dp/B0B4V7BD2K/ref=sr_1_1?qid=1674426913&refinements=p_27%3AJesús+Lázaro+Romero+Recasens&s=digital-text&sr=1-1
46. Gabinete Psicología Blanca Jorge. (23 abr 2017). Documental Publicidad subliminal, Mente subconsciente | Psicóloga Blanca Jorge. [Video]. Disponible en https://www.youtube.com/watch?v=HVEuMFktjXc

47. Mentiras y medios (7/3/2017). Las diez estrategias de manipulación masiva descritas por Sylvain Timsit. En Rebelión https://rebelion.org/las-diez-estrategias-de-manipulacion-masiva-descritas-por-sylvain-timsit/
48. jabiero7. (14 ene 2012). La doctrina del shock - doblado al español y completo. [Video] Disponible en https://www.youtube.com/watch?v=Nt44ivcC9rg
49. Manipulación mediática según Noam Chomsky. En: Wikiwand.https://www.wikiwand.com/es/Manipulación_mediática_según_Noam_Chomsky
50. Zero_JM3 (23 nov 2019). Armas silenciosas para guerras tranquilas (Completo) [Video] Disponible en https://www.youtube.com/watch?v=LZhVfJyZ54Y
51. Destino. (3 abr 2022). Esto cambiará la física La materia oscura podría no existir. [video]. Disponible en https://www.youtube.com/watch?v=E0tYGz27YvA

LOS SIENTO, PERO NO LOS VEO

OTRAS OBRAS DEL AUTOR

Stephen Hawking no se equivocó cuando dijo que «el siglo XXI sería el siglo de la complejidad». Estamos viviendo cada día situaciones más complejas. El COVID-19 es un ejemplo de cómo una causa tan pequeña (virus) puede provocar un enorme (y catastrófico) efecto. Los sistemas complejos abundan en el universo, pero de todos los que se conocen, hay uno de mayor complejidad, y tenemos el privilegio de ser su dueño: *nuestro cerebro*. Durante las últimas décadas, las investigaciones científicas desarrolladas, tanto en el campo de la Complejidad como en la Neurociencia, han provocado una revolución en el mundo del saber. Este avance vertiginoso de la ciencia y la tecnología, impulsan a maestros y profesores a incorporarse en el proceso de actualización y búsqueda de nuevas estrategias educativas que faciliten el aprendizaje en los estudiantes. La presente obra, une estos dos grandes campos del saber para abordar la educación desde una visión transdisciplinar. La Neurocomplejidad educativa es una perspectiva de indagación cuyo propósito es que los maestros, directivos institucionales, así como toda persona interesada en la educación, estén a nivel de los tiempos actuales, para que su misión, de formar las nuevas generaciones para la vida, pueda ser cumplida con amor y sabiduría.

MILAGROS Y MISTERIOS

Jesús Lázaro Romero Recasens

Si después del Big Bang la expansión del universo hubiese sido una millonésima más lenta o más rápida, no se hubiesen formado las Galaxias ni las estrellas. Si las Galaxias y las estrellas no se hubiesen formado, no existirían planetas. Si no existieran planetas, la Tierra tampoco estuviera. Si nuestro planeta Tierra no existiera, la vida en él no hubiese emergido. Si la vida no hubiese emergido en la Tierra, la inteligencia no tendría ninguna posibilidad y nadie estaría leyendo este libro. Todo esto es un *milagro*. Pero… ¿cómo y por qué ocurrió?, es un *misterio*. Esta obra hace un breve recorrido desde lo que había antes de la creación del universo hasta llegar a la mayor complejidad que hoy existe: el cerebro humano y su inteligencia, para resaltar que estamos entrelazados a *milagros* y *misterios,* muchos de los cuales nunca se podrán develar.

Printed in Great Britain
by Amazon

19985548R00071